MEJOR

VIDA y PODER

La tecnología interior para trascender el sufrimiento
El estado de conciencia "Om Phi"

HÉLMER ZULUAGA - ÁNGELA DURÁN
(Best Seller #1, en español, en Amazon)

Título original: MEJOR

Diseño de cubierta: Juan Esteban Zuluaga Durán

© 2023, Hélmer Zuluaga Vargas y Ángela Durán Cueto

Primera Edición: Enero 2023

ISBN-13: 979-8367293647
ISBN-10: 8367293647

**Dedicado a:
la Verdad, la Luz y el Amor.**

Agradecimientos:
Gracias a Felipe, Daniel Fernando, Manuel Eduardo,
Miguel José y Juan Esteban.

Best Seller #1, a nivel mundial, en español, en Amazon,
sobre desarrollo personal y autoayuda, y sobre salud y
familia.

 **Hélmer Zuluaga Vargas** es Best Seller #1, a nivel mundial, en Amazon. Codirector del Instituto de Desarrollo del Potencial Humano Integral (Desarrollo PHI), sobre educación superior para una auto-conciencia superior, con la debida licencia legal, en Educación Informal, según Resolución No. 2441 de septiembre 10 de 1993 de la Secretaría de Educación de Bogotá, Colombia, S.A. Codirector del Instituto Goral, para el desarrollo de una conciencia superior. Instructor y maestro internacional certificado y autorizado para la difusión y enseñanza de los conocimientos, sobre la Flor de la Vida, el Merkaba, la Geometría Sagrada y la Ascensión, según las enseñanzas del científico y místico Drúnvalo Melchizedek. Es experto en psicología del desarrollo personal y espiritual, teología de la espiritualidad mística, angelología, geometría sagrada, merkaba, soteriología. Maestría en terapias de regresión reconstructiva, feng shui, de reiki, de reflexología, de c.m.r (liberación de la memoria celular), de rebirthing (renacimiento), de constelaciones familiares. Periodista. Estudios en filosofía, economía y derecho(doctorado). Condecoración al Mérito Profesional. Es Best Seller #1, a nivel mundial en español, en Amazon, en el área de 'Desarrollo Personal y Autoayuda'. Es, también, Best Seller #1, a nivel mundial en español, en Amazon, en el área de 'Salud y Familia'. Catedrático universitario y conferencista internacional.

CURSOS, TALLERES Y SEMINARIOS

www.desarrollophi.com
cursos@desarrollophi.com.co

------
juanesteban@desarrollophi.com.co

Librería: laeraazul.com.co
Librería: info@laeraazul.com.co

DATOS DE CONTACTO CON LOS AUTORES

helmer@desarrollophi.com.co
hermanamaria@laeraazul.com.co

Ángela Durán Cueto es Best Seller #1, a nivel mundial, en Amazon. Codirectora del Instituto de Desarrollo del Potencial Humano Integral (Desarrollo PHI), sobre educación superior para una auto-conciencia superior, con la debida licencia legal, en Educación Informal, según Resolución No. 2441 de septiembre 10 de 1993 de la Secretaría de Educación de Bogotá, Colombia, S.A. Codirectora del Instituto Goral, para el desarrollo de una conciencia superior. Instructora y maestra internacional certificada y autorizada para la difusión y enseñanza de los conocimientos, sobre la Flor de la Vida, el Merkaba, la Geometría Sagrada y la Ascensión, según las enseñanzas del científico y místico Drúnvalo Melchizedek. Es experta en psicología del desarrollo personal y espiritual, teología de la espiritualidad mística, angelología, geometría sagrada, merkaba, soteriología, astrología espiritual. Maestría en terapias de regresión reconstructiva, feng shui, de reiki, de reflexología, de c.m.r (liberación de la memoria celular), de rebirthing (renacimiento), de constelaciones familiares. Estudios en psicología y derecho. Es Best Seller #1, a nivel mundial en español, en Amazon, en el área de 'Desarrollo Personal y Autoayuda'. Es, también, Best Seller #1, a nivel mundial en español, en Amazon, en el área de 'Salud y Familia'. Catedrática universitaria y conferencista internacional.

CURSOS, TALLERES Y SEMINARIOS

www.desarrollophi.com
cursos@desarrollophi.com.co

------

juanesteban@desarrollophi.com.co

Librería: laeraazul.com.co
Librería: info@laeraazul.com.co

DATOS DE CONTACTO CON LOS AUTORES

helmer@desarrollophi.com.co
hermanamaria@laeraazul.com.co

ÍNDICE Y CONTENIDO

PRESENTACIÓN

Benévolo lector. Amable lectora.

1.- La ciencia y la experiencia nos enseñan que *quienes no aprenden a disminuir o eliminar el estrés, la ansiedad y el sufrimiento emocional-sentimental* de su vida, **padecen** más enfermedades, **envejecen** con más rapidez **y mueren** más temprano.

2.- Quien aprende la tecnología interior de los altos maestros de sabiduría, para dejar de sufrir y trascender el sufrimiento humano, gana *mejor* el juego de la vida. Para este triunfador, su vida es *mejor,* su salud es *mejor,* su juventud es *mejor,* su goce y disfrute de la vida es *mejor,* su viaje por la vida es *mejor,* su sonrisa es *mejor* y hasta su forma de morir es *mejor.*

3.- Trascender el sufrimiento es comenzar a fabricar tú mismo, tu *mejor* destino, para ti mismo y con tus propias manos. El autor de la vida quiere lo *mejor,* para ti y para todo ser humano. Es el proceso de ascensión a otro nivel.

4.- Tienes el poder de hacer una *mejor* tierra y un *mejor* cielo, para ti, para tus seres queridos y para quienes te acompañan en la vida.

5.- '*Mejor*' es el nombre de una persona real, de *un maestro de maestros, de un mago de magos, que hace milagros y soluciona imposibles.* '*Mejor*' es quien comenzará, aquí y ahora, a brindarte lo *mejor* de las nuevas y recientes enseñanzas del planeta, para dejar de sufrir y trascender el sufrimiento.

6.- En este libro, comienzas a encontrar dónde está tu *mejor* presente y tu *mejor* futuro. Es el comienzo de un manual, solamente para principiantes de cualquier edad. Este mago y maestro te enseña **'cómo comenzar a aprender a transcender el sufrimiento y dejar de sufrir por todo',** *para comenzar a vivir mejor, siempre mejor,* desde hoy y desde ahora, aquí y en cualquier parte del mundo.

Hélmer Zuluaga Vargas – Ángela Durán Cueto

1.- LA PARÁBOLA DEL MEJOR BIEN

1.- Cuando aparece un hombre singular y su caballo.
A esa aldea, llegó a vivir un hombre singular. Tenía pocos recursos y aparentaba tener una educación poco formal. Los vecinos de la aldea lo veían como una persona humilde y amable. Carecía de los bienes materiales, propios de las personas que suelen vivir bien. Su único bien era un caballo, que era su único medio de subsistencia, con el cual sostenía a su familia. Era su única fuente de trabajo y de sus módicos ingresos. Su vida aparentaba ser normal y era modesta. Era de temperamento alegre. Le gustaba cantar y susurrar invocaciones y canciones que él solo entendía.

2.- Cuando la compasión se convierte en insulto.
Pero, como a veces suele suceder, ocurrió que un día, en la mañana, se llevó una gran sorpresa. El caballo ya no estaba. Había desparecido durante la noche. Los vecinos de la aldea acudieron a ayudarle y consolarlo, y a imaginar y suponer sobre lo que podría haber sucedido. Sus vecinos le decían: ¡¡Qué desgracia!!, ¡¡Qué pena tan grande!!, ¡¡Qué sufrimiento!!. Es una desgracia muy grande lo que te ha ocurrido. El caballo era toda tu riqueza y toda tu fuente de trabajo. Ninguna dicha es completa. Lo sentimos por ti y por tu familia. Algunos que parecían más informados le dijeron: ¿Qué karma estás pagando?. Otros dijeron: ¡¡Qué mala suerte has tenido!! Este hombre siempre contestaba: Sois muy prontos y rápidos para juzgar, y muy apresurados para calificar la situación. No existen desgracias, ni son reales. No puedes juzgar, si no tienes todos los datos para poder hacerlo. En los acontecimientos de la vida de este mundo, nadie tiene todos los datos. Calificar las situaciones poco venturosas de la vida, como una desgracia o una

desdicha o un desastre, es propio de ignorantes. Toda situación, aparentemente desafortunada, siempre contiene, inherente, algo mejor. No sé qué es, ni qué será. Pero siempre es algo mejor, para ese momento. Siempre es mejor. El sufrimiento no es real ni hace parte de la verdadera realidad, aunque nuestros sentidos nos informen lo contrario. **Solo existe lo que es real**. Toda situación de sufrimiento, por mala que sea, siempre es susceptible de empeorar, salvo que adquieras un sentido o conciencia de realidad. Algo mejor está por venir. Y añadió: ***"Om Phi, todo siempre sucede, para nuestro mejor bien"***. Los vecinos murmuraron: ¡Qué persona tan rara y tan extraña! Y le dijeron: Estás loco. Además de pobre y en la ruina, estás loco, loco de remate. Solo un ignorante piensa así. Todos se burlaron de él. Y así la compasión se convirtió en burla, injuria, recriminación e insulto.

3.- Cuando aparece la fortuna.

Pero, como a veces suele suceder, ocurrió que, algún tiempo después, un día, en la mañana, este hombre se llevó una gran sorpresa. Su caballo apareció. Había huido hacia las altas montañas, donde se hizo amigo de muchos caballos salvajes y llegó a ser el jefe de toda la manada de caballos. Regresó con toda su familia de caballos. Al saberlo, los vecinos vinieron, sorprendidos, a felicitarlo. Y le dijeron: Tenías razón. ¡¡Qué alegría, qué felicidad!! La buena suerte te ha llegado. Ahora vemos que hemos sufrido en vano. El sufrimiento no es real. Todo ha sido para tu mejor bien. Ahora eres una persona rica y afortunada. Eres más rica que todos nosotros. Fue una bendición que tu caballo hubiera desaparecido.

Este hombre, raro y extraño, tenía un comportamiento aparentemente normal que no tenía nada de raro ni de

4

extraño. Volvió a decir, a sus vecinos: Solo existe la realidad. El sufrimiento no es real ni hace parte de la verdadera realidad. Es necesario tener siempre un sentido o conciencia de realidad. Y volvió a repetir lo que ya había dicho: *'Om Phi, todo siempre sucede, para nuestro mejor bien'.*

4.- Cuando un nuevo suceso tiene la apariencia de no ser agradable.
Pero, como a veces suele suceder, ocurrió que, algún tiempo después, un día, en la mañana, este hombre se llevó una gran sorpresa. Su joven y único hijo comenzó a amansar y domesticar uno de los muchos caballos salvajes que habían llegado. Montado en el caballo, éste comenzó a corcovear, y lo tumbó. Cayó al suelo y se fracturó una pierna. Acudieron nuevamente sus vecinos, para ayudarle y consolarle. ¡¡Qué desgracia!!!, ¡¡qué pena tan grande!!, ¡¡qué sufrimiento!!, ¡¡qué mala suerte has tenido!!, le dijeron, y añadieron: En la vida, siempre ocurre una desgracia tras otra. Él contestó: Veo que no habéis oído, o no habéis entendido, o habéis olvidado lo que ya os había dicho, cuando el caballo desapareció. Se limitó a agradecerles, y añadió: *'Om Phi, todo siempre sucede, para nuestro mejor bien'.* Loco, estás loco, le dijeron los vecinos. Estás mucho más loco que antes. Además de ignorante, eres un bruto. El manicomio o una casa de locos, debería ser tu lugar. Y nuevamente la compasión se convirtió en insulto.

5.- Cuando un insuceso se convierte en bendición.
Pero, como a veces suele suceder, ocurrió que, algún tiempo después, un día, en la mañana, este hombre se llevó una gran sorpresa. Vino la guerra. El país entró en la guerra. El rey de ese país ordenó reclutar a todos los jóvenes de todas las aldeas, para combatir en esta guerra. Se decía o se sabía que era una guerra perdida, y que todos morirían, o que todos

los restantes quedarían lisiados o discapacitados por el resto de sus vidas. El hijo de este hombre no fue reclutado, no engrosó las filas de los combatientes. No fue llevado a combatir, porque tenía una pierna rota. Nuevamente acudieron los vecinos de la aldea. Lamentaban la partida de sus hijos, y celebraban la fractura de la pierna del hijo de aquel hombre. De nuevo le dijeron: Tenías razón. La buena suerte parece acompañarte, ¡¡qué alegría y qué felicidad han llegado para ti!!. Es una bendición lo que le ha ocurrido a tu hijo. Bendita sea la fractura de la pierna.

6.- La invocación de la fórmula mágica.

Este hombre, en su sabiduría, para confundirlos, dijo: 'En la vida y en tu vida, siempre sucede lo que debe suceder, aunque suceda lo contrario'. También repitió: el sufrimiento no es real ni hace parte de la verdadera realidad, aunque nuestros sentidos nos informen lo contrario. Y añadió *su fórmula mágica del mejor bien:* **'Om Phi, todo siempre sucede para nuestro mejor bien'**. Esta es la fórmula mágica del 'mejor bien'. Es una invocación muy poderosa, dijo este hombre. ¿Cuál es ese bien?: No lo sé, pero sí sé que será algo mejor. Siempre sucede algo mejor. Siempre es mejor.

7.- Mejor era su nombre

Este hombre era un gran sabio, venido de muy lejos. Su extraño nombre era: 'Mejor'. Su fama trascendió la aldea. Se hizo famoso. Esta clase de seres humanos suele aparecer en un lugar o en un planeta, cuando algo, aparentemente muy grave, está próximo a suceder. A él acudían personas de diferentes partes. Cuando algo ya parecía no tener ninguna solución o parecía imposible, el último consejo y la última receta que le daban era ésta: 'Mejor' tiene la respuesta. Acuda a este gran sabio. Él tiene la respuesta. *'Parece magia lo que dice*

6

y lo que hace. Aún más, es **el gran deshacedor de cualquier magia,** *el salvador.* Parece tener una gran fórmula mágica secreta, para todo lo que hace y para todos los aconteceres de la vida. **Otros magos hacen magia y éste la deshace,** ellos dijeron.

8.- La prosperidad de toda la aldea.

Este hombre llegó a tener discípulos y muchos seguidores, deslumbrados por sus enseñanzas. Al verlo y saludarlo, celebraban con entusiasmo y júbilo, y exclamaban y gritaban: ¡Mejor siempre mejor! ¡Mejor siempre mejor! ¡Mejor siempre mejor! Este gran sabio vivía en un estado de conciencia que él mismo llamaba "el estado de conciencia Om Phi". Esta expresión 'Om Phi' era también el nombre de su escuela. Es una rama del antiquísimo linaje de maestros que él llamaba: 'Orden Alfa y Omega de Melchizedek y Orden de los Mer'. (**Mer**= luz viva, o campo o cuerpo contra-rotatorio de luz viva). Eran expertos en deshacer la magia, cualquier magia, por medio de la luz. Pero volvamos al caballo. Lo cierto es que la manada de caballos se multiplicó. Se multiplicó hasta el extremo de que cada habitante de la aldea podía tener uno o varios caballos, como su medio de transporte y de comunicación. El caballo les servía para todo. A aquella aldea llegó la prosperidad. Fue un hecho, un hecho generalizado, gracias al caballo de 'Mejor'.

9.- La profecía del gran suceso.

Pero, como a veces suele suceder, ocurrió que, algún tiempo después, un día, en la mañana, este hombre se llevó una gran sorpresa. Llegó la noticia de la pandemia de la peste, para todos los caballos de la aldea. Esta era la señal. 'Mejor' había esperado esta última señal de 'los signos de los últimos tiempos de la aldea'. Sintió alegría, alegría propia y ajena, por todos lo que habían querido y anhelado salir de allí, del ambiente variable y cambiante de los sucesos y acontecimientos de la aldea, y se habían venido preparando para ello. Se acercaba, por fin y al fin, la terminación de una larga espera, la desaparición definitiva de toda desgracia y sufrimiento. Una antigua profecía, *despreciada y ya olvidada* por los habitantes de la aldea, había dicho que ésta es la señal: *'Cuando ocurra la gran pandemia de caballos, un gran suceso arrasará toda la aldea, y desaparecerán sus habitantes, y se extenderá a todas las aldeas del país'. 'Se salvarán quienes puedan irse para otra parte'.* Aquel gran sabio lo sabía y no lo había olvidado. Seguía presente en su memoria. La *señal de la advertencia* era esta tribulación de la desaparición de los caballos. Ante la muerte generalizada de caballos, comenzó a haber una escasez generalizada de recursos, por carencia de medios de transporte. Era una señal de gran alerta y alarma, para comenzar una preparación urgente. Siempre hay u ocurre un previo aviso. Era necesario escapar y abandonar este país.

10.- La urgencia y la importancia de la gran preparación.
Este preaviso es una advertencia, para nuestro mejor bien, dijo 'Mejor', y repitió: **'Om Phi, todo siempre sucede para nuestro mejor bien'.** El gran suceso era inminente. Era cuestión de *doce días de gracia*. Entonces, lo más rápido que pudo, comenzó la *'gran preparación, para un gran viaje'*. 'Mejor' comenzó, en forma inmediata, a dar las últimas instrucciones, a toda su familia y a todos sus discípulos, ante un suceso que era de máxima importancia. En total silencio, emplearon doce días de trabajo. No querían ser acusados como profetas de desastres ni por pánico. No querían volver a ser víctimas del insulto, la injuria y la ignorancia. 'Mejor'

los dividió en tres grupos de trabajo, que llamó: La orden de 'Om Phi', la orden de 'Melchizedek' y la orden de '**Mer**'. ('Mr' se pronuncia Mer o Mar o Mir, como Mery, *María, Mariam, Meriam, Mary, Miriam,* que significan lo mismo). Las dos Marías, la madre y la esposa de 'Mejor', también pertenecían a la orden de los *'Mer'*, que es el nombre de quienes se han preparado para ser 'expertos en *salvar* la situación', o *salvarse* de la situación, en casos críticos vitales, por medio del 'campo o cuerpo de la luz viviente'. Los grandes verdaderos magos son expertos en el manejo de la luz, la luz viva no dual.

11.- La búsqueda de la solución.
Ante el confinamiento y la tribulación, por la pandemia de caballos, todos los vecinos de la aldea decidieron acudir a 'Mejor', en busca de una solución para liberarse del virus de la peste, y de la opresión, confinamiento y cautiverio producidos por esta pandemia. ¡Este es el hombre!, dijeron. *Parece tener una extraña tecnología secreta para hacer las cosas y resolver problemas, deshacer desgracias y desaparecer el sufrimiento.* Pero, esta vez, no pensaron en él, para ayudarle o socorrerle o consolarle, sino, al contrario, para pedir ayuda y alguna solución en su desgracia y sufrimiento, por la pérdida de todos sus caballos. Decidieron, entonces, que lo más práctico, sencillo y conveniente era crear, escoger y designar, en forma cuidadosa, una ilustrada comisión de expertos, en pandemia de caballos. Pero emplearon muchos días para hacerlo. Nombrado el comité, éste, a su vez, se demoró mucho tiempo en tomar la decisión sobre los puntos muy exactos y precisos que deberían ser consultados a 'Mejor'. Mientras tanto, se acabó el tiempo de la *gran preparación*. Es como si se hubieran dormido, durante doce días de sueño. Fue un error y una gran pérdida de tiempo entrar en largas

9

deliberaciones o en vanas discusiones, sobre la manera de preguntar y consultar la solución, que ya era conocida, a un problema que ya había sido resuelto, por 'Mejor'. Cuando ya es un hecho que **nuestra casa,** ya está en llamas, sin solución factible, y tú te encuentras dentro de ella, la solución sensata, más urgente e importante, no es comenzar a pedir explicaciones, ni ponerse a averiguar cuál fue la causa del incendio, sino escapar de allí, lo más pronto posible.

12.- El último día. Pero, como a veces suele suceder, ocurrió que, doce días después, un día, en la mañana, los vecinos de la aldea se llevaron una gran sorpresa. Había llegado el 'último día, el último día de la salvación'. El día ignorado y despreciado y olvidado. Pero, cuando la comisión, que representaba a todo el pueblo, llegó a la casa de 'Mejor', recibieron la última sorpresa. Como este hombre, *salvador de salvadores*, ya sabía lo que iba a suceder, en esta gran tribulación, entonces, esa última noche, precisamente, ya había 'desaparecido'. Se había escapado y se había ido con su familia y sus discípulos y sus extrañas enseñanzas, para otra parte. Solo ellos se salvaron.

13.- Instrucciones, indicaciones y ejercicios:
1.- ¿Por qué las cosas negativas se vuelven peores, y por qué las cosas peores empeoran aún más?
2.- ¿Por qué las cosas buenas se vuelven mejores, y por qué las cosas mejores mejoran aún más?
3- ¿En qué se parece todo esto, a situaciones de tu vida?
4- ¿Qué significa, para ti, este mensaje del gran sabio, mago y maestro: "¿A los que tienen menos, aun lo poco que tienen les será quitado, y a los que tienen más, se les dará aún mucho más de lo que tienen? Reflexiona sobre ello.

5- ¿Qué cosas sientes que aprendiste o confirmaste, con la historia del caballo de '¿Mejor', con su hijo y con los vecinos de la aldea?

6.- ¿Por qué siempre se abstenía de juzgar o calificar las situaciones?

7.- ¿Por qué siempre encontraba bendiciones y lecciones, en todos los acontecimientos de su vida?

8.- En una primera situación, 'Mejor' 'perdió su riqueza', que era su caballo, y en una segunda situación su hijo 'perdió la salud'. Tercero, después vino la pandemia, el confinamiento y la pobreza general de toda la aldea. ¿Por qué nunca perdió su entusiasmo y su deseo de vivir?

9.- Decía 'Mejor': Solo existe lo que es real. Toda situación de sufrimiento, por mala que sea siempre es susceptible de empeorar, salvo que adquieras un sentido o conciencia de realidad. ¿Qué podría ser eso que él llamaba el 'sentido o conciencia de realidad'?. ¿Tú qué opinas?

10- Era un asunto de vida o muerte. Toda su familia y sus discípulos pudieron escapar y se salvaron. ¿Qué preparación hicieron y qué instrucciones finales recibieron?

11.- ¿Qué podría significar el número doce?

12.- ¿Sabías tú que, en la vida del ser humano, hay dos clases de pandemia: ¿Interiores y exteriores?

13 ¿Cuál crees que fue la vía de escape, y el medio para liberarse de la peste y de la opresión, confinamiento y cautiverio producidos por esta pandemia?

14- Algo mejor, grande y grandioso, está por venir. ¿Qué crees que es? Puedes especular sobre ello.

15- ¿Cuáles crees que podrían ser las mágicas canciones y las mágicas invocaciones y las mágicas fórmulas secretas que cantaba y susurraba 'Mejor'?

16- ¿Cuál crees que podría ser la extraña tecnología que utilizaba? Ellos no fueron salvados, porque ellos *aprendieron*

11

a salvarse a sí mismos, con la ayuda de 'Mejor'. ¿Cómo crees que se salvaron?

17- ¿Por qué "Mejor" no quiso deshacer la magia de la peste (pudiendo hacerlo), ¿ni cambiar ni deshacer ni desaparecer la profecía?

18.- Recuerda esto: Tú comienzas a cambiar y las cosas comienzan a mejorar. Tú comienzas a mejorar y las cosas comienzan a cambiar. Reflexiona sobre ello.

19.- ¿Ya memorizaste, en forma literal, la fórmula mágica de '¿Mejor', y que él llama la *invocación del mejor bien*'? ¿Qué esperas para hacerlo?

20- En la 'presentación' de este libro, hojas atrás, ¿qué ideas sientes que llamaron tu atención? Vuelve a leer lo que allí aparece escrito. Vuelve a leer también este capítulo, antes de continuar.

Invocaciones:
a) Om Phi. Mi sufrimiento y todo sufrimiento no es real, ni hace parte de la verdadera realidad, aunque mis sentidos me informen lo contrario.

b) Om Phi. Solo existe lo que es real, y solo existe una sola realidad.

c) Om Phi. El dolor del sufrimiento emocional-sentimental indica que siempre existe algo mejor, y que vendrá algo mejor, que ha sido preparado para mí.

d) Om Phi. El dolor del sufrimiento emocional- sentimental me permite saber que existe algo mejor que deshace y que desaparece el sufrimiento.

e) Om Phi. El sufrimiento no es real, y 'no' hace parte de la realidad, que es la única verdadera realidad.

f) Om Phi. Todo siempre sucede, para nuestro mejor bien.

2.- EL ESTADO DE CONCIENCIA 'OM PHI'

I.- ¿Qué es 'Om Phi'? 'Om Phi' es la singularidad del estado natural de la conciencia humana espiritualmente superior, de quien está y vive feliz, "mejor siempre mejor", aquí y fuera de aquí. *Es el estado natural de la conciencia superior que disuelve toda magia de la 'falsa apariencia de realidad'* y de quien siempre está feliz y siempre vive feliz, en este mundo y más allá de este mundo. *Om Phi es el estado de quien ha aprendido a no sufrir, y a no morir,* para estar y vivir siempre mejor, aquí y ahora, y en cualquier parte de este universo.

II.- ¿Cuál es el estado de conciencia, carente de Om Phi? Es el estado antinatural de la conciencia de quien está mal y vive peor. Es sufrir por todo lo que haces y no haces. *Es sufrir para vivir, y vivir para sufrir, esperando algún día morir.*

III.- ¿Qué es estar mal, o vivir peor?
Es sufrir, en cualquier forma, y por cualquier cosa, y por cualquier motivo, y por la razón que sea. *Sufrir es cualquier estado humano de 'no' felicidad, o de ausencia de plenitud.*

IV.- El poder de la tecnología interior de la alta magia.
Este poder tiene tres componentes: Amor, sabiduría y vida. *La ciencia del poder de la alta magia de los grandes magos y maestros es dejar de sufrir, y no volver a sufrir más, y no volver a morir más, y vivir siempre mejor.* Es la ciencia de cómo disolver la magia, con la luz de una sustancia lumínica que disuelve y deshace el sufrimiento.

V. Om Phi absoluto y relativo. 'Om Phi **absoluto**' es la posesión consciente de la 'única realidad' que existe y que ya está dentro de ti. Es la plenitud absoluta e infinita *que está libre de la falsa realidad* del universo mágico. 'Om Phi **relativo**' es el estado humano consciente de *estar en vía o en camino hacia 'lo mejor',* que es la *'auténtica búsqueda consciente'* de la única realidad que existe, y que es la plenitud del ser, o sea plenitud de amor, sabiduría y vida.

3.- EL PODER DE LA MAGIA, EN MEDIO DE LA TEMPESTAD

I.- La magia del pajarito.

Había, una vez, un rey que ofrecía una gran recompensa, a quien lograra plasmar la paz, en una pintura. Muchos lo intentaron, pero al rey sólo le gustaron dos, así: Una pintura que representaba un lago muy calmado, cielo azul y tenues nubes blancas. Y otra pintura que tenía montañas desérticas y un cielo del que caían rayos y aguas torrenciales. Un huracán, una tormenta. Pero, al observar cuidadosamente, el rey vio un delicado arbusto que crecía en una roca, con un nido sobre el que reposaba un pajarito.

El rey escogió la segunda, porque paz significa que podemos *'estar en paz y en calma, y ser tranquilidad y serenidad'*, dentro de nuestro corazón, a pesar de que estemos en medio de las situaciones más difíciles y complicadas. Es una forma de defensión, mediante la indefensión o ausencia de lucha.

II.- La invocación apacible. 1.- Tú puedes apropiarte del poder de la magia de la tecnología interior del pajarito, con una *invocación mágica,* fácil, sencilla y poderosa, para desaparecer el trastorno mental y emocional que produce el mundo externo. **2.-** Para vencer la tempestad y protegerse, el pajarito no tuvo que luchar, contra la tempestad. En esta nueva tecnología interior, *es esencial abstenerte de luchar, para vivir y para actuar.* **3.-** Es un mágico y poderoso ansiolítico natural, no farmacológico, que previene, alivia y cura la ansiedad. **4.-** En cualquier actividad, trabajo, situación o circunstancia, tú tienes el poder de decretar la siguiente doble fórmula mágica, llamada *'la invocación apacible'* y la *invocación imperturbable.*

"Om Phi. Yo estoy en paz y en calma.
Yo soy tranquilidad y serenidad".
Om Phi. Yo soy amorosamente imperturbable.

4.- LOS PODERES DE LA MAGIA.

1.- ¿Recuerdas el episodio del gran maestro que, en medio de un mar embravecido y turbulento, ante atemorizados discípulos, simplemente extendió su mano y calmó la tempestad? Tenía una fórmula mágica secreta, para desaparecer la tempestad. Son cuatro tecnologías internas:

a) La magia de la auto-protección, como lo hizo el pajarito frente a la tempestad. Este pajarito no se puso a *luchar contra la tempestad*. Habría sufrido mucho, antes de perder su propia vida, si lo hubiera hecho. Ya tenía un poder mágico interior, incorporado a su naturaleza. Este pajarito tenía una fórmula mágica secreta. Tú puedes aprender a dejar de luchar y de sufrir, por cualquier cosa y por todo lo que haces o no haces.

b) La magia de la desaparición de cualquier cosa, como lo hizo el maestro frente a la tempestad.

c) La magia del poder sobre ti mismo. Cuando dejes de sufrir, podrás recordar este poder que habías perdido.

d) La magia de la auto-desaparición. Ya sabemos cómo hacerlo, y, cuando sea oportuno, este poder te será enseñado, por 'Om Phi Mejor', el gran mago y maestro.

2.- Para aprender *la magia de la* **desaparición** de cualquier cosa, y también del universo, hay un previo requisito: Es esencialmente necesario aprender *la magia de la auto-protección frente a todo sufrimiento*. 3.- Para aprender *la magia de la* **auto-desaparición**, hay también un previo requisito: Es esencialmente necesario aprender *la magia del poder sobre sí mismo*. En este libro, por ahora, solo *comenzaremos a recordar cómo aprender* los rudimentos básicos, elementales y fundamentales, para aprender la magia de la protección y la magia del poder sobre ti mismo. En ocasión posterior, aprenderemos la magia de la desaparición de este universo y la magia de la auto-desaparición de ti mismo.

5.- EL PODER DE LA MAGIA DEL CIEMPIÉS

I.- La magia del ciempiés. El ciempiés es un pequeño animalito que tiene cientos de patas. Algunos dicen que puede tener hasta más de trescientas patas, según las especies. Al ver a un ciempiés caminando, alguien curioso y muy crítico, intelectual y racional, decidió preguntarle:

¿Cómo es que tú, sin pensarlo, puedes mover más de cien pies, al mismo tiempo? El ciempiés se puso a pensar, y a pensar, y a pensar cómo es que podía hacerlo, y se quedó pensando, y se quedó pensando, luchando por saber cómo es que podía hacerlo, y 'no' pudo volverse a mover.

Es la lucha del pensar tradicional, que produce tempestad mental y emocional. Cuando el ciempiés dejó de pensar, *y 'cuando comenzó a actuar de otra manera'*, simplemente recobró su fuerza interior y el poder de moverse, *'sin tener que luchar',* para poder hacerlo. Todo pensamiento discordante produce estrés, ansiedad y sufrimiento emocional-sentimental.

II.- La invocación mágica del ciempiés.

1.- Tú puedes apropiarte del poder de la magia de la tecnología interior del ciempiés, con una *fórmula mágica,* fácil, sencilla y poderosa.

2.- *Si te pones a pensar demasiado en las razones, por las cuales la fórmula mágica funciona, tú te paralizas, o tu trabajo es deficiente.*

3.- El ciempiés tiene una fórmula mágica y secreta, que, con la práctica, a través de sus generaciones anteriores, logró ser integrada a su propia naturaleza.

4.- 'Om Phi, Mejor', el gran mago y maestro, ya pensó por ti, con anterioridad. Ahórrate el tiempo, el trabajo, la energía y el esfuerzo, con las fórmulas mágicas que el mago y maestro aquí propone.

5.- Desde ahora mismo, elimina de tu lenguaje, palabras como 'lucha, luchar, difícil, imposible, yo no puedo, no se puede'. El pajarito, el ciempiés y el maestro no lucharon,

16

para lograr el milagro que querían. *Luchar es sufrir. Todo el que lucha sufre.* Es realmente posible protegerse de la tempestad o desaparecer la tempestad, sin tener que luchar contra ella. **6.-** En cualquier situación o circunstancia, tú tienes el poder de decretar la siguiente **fórmula mágica**, llamada la *invocación del mejor hacer:*

'Om Phi, yo estoy dispuesto(a) a hacer 'todo lo que hago', mejor siempre mejor, sin tener que luchar ni sufrir, para poder hacerlo'.

III.- Los poderes mágicos. 1.- El poder de defensión y el poder de desaparición son dos poderosas tecnologías interiores, dirigidas a cambiar el mundo externo: Primero es la tecnología del pajarito, para protegerse de la tempestad y cambiar el mundo externo. Segundo es la tecnología del ciempiés, para protegerse de sí mismo y cambiar su mundo interno. Tercero es la tecnología del gran maestro, que calmó la tempestad, porque quería simplemente *calmar* a sus discípulos, pero, por razones superiores, no le era permitido *cambiar* a sus discípulos. El poder de cambiarte tú, a ti mismo y por ti mismo, es una tecnología interior, encaminada a cambiar tu mundo interno. **2.-** Escribe cinco hechos o sucesos milagrosos o aparentemente mágicos que te hayan sucedido a ti personalmente, o a tu familia, o a personas que conoces. Pregúntales. **3.-** Escribe diez poderes mágicos que te gustaría tener. Todos ellos son posibles. No lo dudes. **4.-** *'Om Phi, mejor siempre mejor',* es otra **fórmula mágica** que invoca el poder de hacer milagros, que ya está dentro de ti, y que invoca *el poder de la 'infinita perfección y protección'*. ¿Ya memorizaste, con exactitud y al pie de la letra, la fórmula mágica del pajarito, llamada la *invocación apacible,* y la fórmula mágica del ciempiés, llamada la *invocación del mejor hacer*? ¿Qué estás esperando?

6.- ¿QUÉ SIGNIFICA MAGIA Y MAGO?

1. La palabra magia viene del latín "magis" = "más". De allí, se originan palabras como: magia, magister, master, maestro, magistral, magistrado, maestría, magno, magnético, magnífico, majestad, mago, mágico; de mage o magis vienen mega (grande); también maggiore y meglio (italiano), melior y mayor (latín), magicien y meilleur (francés), mejor y mayor (castellano); magsimo o máximo (castellano); trismegisto (trismagister, o el que 'es más', tres veces tres).

2.- Mago viene del latín "mage o magis" = "más". "Más", a su vez, también, significa: "Mejor, en mayor cantidad" o "Mejor, en grado superior". De allí viene "Magus", que, a su vez, viene del griego "magos". "Magos" viene de una expresión espiritual de origen persa que significa, a su vez, "sacerdote", persona mejor y espiritualmente mejor, con una conciencia superiormente mejor. Por todo ello, **los verdaderos magos** son maestros y los maestros son magos, y ejercen un sacerdocio real. **Tienen poder de realeza, sacerdocio, profecía y misterio.**

3.- Hay un sentido superior, en los conceptos de mejor y de magia, tanto cuantitativo, (mejor en mayor cantidad), como cualitativo (mejor en grado superior). **4.- El verdadero mago** es, entonces, etimológicamente, la persona que tiene el *estado de alta magia,* es decir, la persona de conciencia cuantitativa y cualitativamente mejor, que, primero, sabe más, hace más, da más y recibe más, y, segundo, es el mejor, sabe lo mejor, ama mejor, piensa mejor, actúa mejor, hace lo mejor, da lo mejor y recibe lo mejor. 'Om Phi Mejor' es el nombre del gran sabio, mago y maestro que nos acompaña en este libro. **El verdadero mago es el que sabe buscar lo mejor de lo mejor.** Hay dos clases de magia: **a)** la magia que hace magia, con la apariencia sin realidad. **b)** La magia que deshace la magia, con la realidad sin apariencia.

18

7.- ¿QUÉ ES VIVIR OM PHI?

I.- ¿Qué es vivir Om Phi? Es la búsqueda de lo mejor.
Para ello, es necesario comenzar a cambiar ocho cosas, así:
1.- Cambiar la forma de hacer magia y deshacer la magia.
2.- Cambiar la forma de amar.
3.- Cambiar la forma de pensar.
4.- Cambiar la forma de sentir.
5.- Cambiar la forma de hablar.
6.- Cambiar la forma de actuar.
7.- Cambiar la forma de vivir.
8.- Cambiar la forma de existir.

II.- ¿Qué es vivir mejor? Los ocho grados de mejor.
1.- Vivir bien es mejor que vivir mal o tener mente negativa.
2.- Tener una mente positiva es mejor que vivir bien.
3.- Tener una **mente positiva** es mejor que tener una mente negativa. **4.**- Tener una **conciencia tranquila** es mucho mejor que tener una mente positiva.
5.- Tener amor, sabiduría y vida es mejor que tener una conciencia tranquila. *El amor sin sabiduría no es amor. La sabiduría sin amor no es sabiduría. La vida humana, sin amor incondicional y sin sabiduría espiritual, no es vida humana superior, ni es mejor vida, ni es vida espiritual.* Todo poder real y verdadero tiene un triple componente: El poder del amor, el poder de la sabiduría y el poder de la vida.
6.- Tener **conciencia de desaparición** de este universo y de la desaparición a este universo es mejor que tener una mente tranquila o una conciencia tranquila y un morir tranquilo. *Los animales también pueden vivir y morir tranquilos.*
7.- Tener la **conciencia de inmortalidad** es mejor que tener el poder de desaparecer de este universo, o desaparecer al universo, o auto-desaparecerte a ti mismo.
8.- Tener **conciencia de la presencia del poder infinito**, dentro de ti, es mejor que tener conciencia de inmortalidad.

19

8.- LOS PODERES MÁGICOS DE LOS ALQUIMISTAS

Los alquimistas, *buscando lo mejor*, buscaban la piedra filosofal, la panacea, el elíxir de la larga vida, el talismán y el kalítero. **1.**- Alquimia es una palabra de origen árabe (alquimiya) y ésta, a su vez, viene del griego "quimeia", química. **2.**- Alquimia es el conjunto de especulaciones y experiencias generalmente de carácter esotérico, relativas a las transmutaciones de la materia, que influyó en el origen de la ciencia química. **3.**- **Piedra filosofal** es la materia o sustancia con que los alquimistas pretendían hacer oro artificialmente, por lo cual se hablaba de la piedra que tenía la capacidad de transformar o transmutar el plomo y, en general, los metales, en oro. **4.**- **Panacea**: Palabra de origen griego (Pan = todo) y (Akos = Remedio). Es el medicamento al que se atribuye eficacia para curar diversas enfermedades. **5.**- **Panacea universal**: Remedio que buscaban los antiguos alquimistas para curar todas las enfermedades. **6.**- **Elixir de la larga vida** es una sustancia para dar juventud, prolongar la vida y retardar o retroceder el proceso de envejecimiento. **7.**- **Talismán o amuleto,** para atraer la buena suerte y para la protección contra males y peligros. **8.**- **Kalítero:** (del griego kala, kalo, kali=bueno y bello, y de kalíteros=mejor), *sustancia lumínica viva,* pura y universal, original y única, que, por sí y en sí, todo lo trasciende, con poder creativo y regenerativo, vivificante y disolvente de la magia. Dicha sustancia disuelve cualquier cosa y cualquier magia. Dichos poderes realmente existen.

9.- ¿CUÁL ES LA MAGIA DEL GRAN MAGO?
(Caliterología y merkaba-náutica)

I.- El Gran Maestro.

'Mejor Om Phi' era su nombre. Era un gran maestro. Era y es un gran maestro de sabiduría. Era y es un gran sabio, mago y maestro. Aunque su nombre propio parezca un poco extraño, ese era su nombre, su nombre completo. 'Mejor' es su primer nombre. 'Om Phi' es su apellido. La expresión 'phi' suena como la letra 'f', añadiendo la letra ' i ', es decir, se pronuncia 'fi' pero se escribe 'phi', y su símbolo matemático es ϕ

'Om Phi' indica el linaje de realeza de 'Mejor'. 'Mejor', como mago y maestro, vivió en la antigua Atlántida y en el antiguo Egipto. La enseñanza de sus conocimientos se extendió a la antigua Mesopotamia y a la antigua India. En tales sitios, impartió las enseñanzas de su ciencia y su sabiduría, traídas desde las afueras del planeta.

II.- El nombre de 'Mejor'. Cuando era niño y cuando ya estaba adulto, al gran mago y maestro, a veces lo llamaban, con su primer nombre: *'Mejor'.* Como suele también suceder con el nombre de cualquier ser humano, a veces, lo llamaban simplemente con su apellido *'Om Phi'*, el cual indica su alto linaje real de la Orden Alfa y Omega de Melchizedek.

III.- La familia de 'Mejor'. Él mismo decía tener dos familias que se unían en una sola. Su familia más cercana era llamada *'la familia de Mejor'.* Su otra familia era una gran escuela conformada por un extraordinario equipo de científicos, traídos desde las afueras del planeta, y por un escogido grupo de discípulos, llegados de todas partes, que seguían sus enseñanzas. Esta gran escuela fue llamada por él mismo, *la escuela de los Mejores.* Este gran equipo, junto con su escuela, constituían su gran familia.

IV.- El ojo izquierdo de Horus. En el antiguo Egipto, había tres escuelas de altos misterios: La escuela del ojo derecho, sobre el conocimiento lógico, la escuela del ojo izquierdo, sobre el amor incondicional, y la escuela del centro o del tercer ojo, que es el origen de las otras dos. El símbolo o logotipo de la escuela era el ojo izquierdo de Horus. El ojo izquierdo de Horus está asociado con el *amor incondicional* y con la conciencia de cerebro derecho. Se llamaba la escuela de misterios del ojo izquierdo de Horus.

El requisito previo para entrar a la escuela del ojo derecho (conocimiento intelectual y tecnológico), era haber cursado, previamente, los 12 grados o niveles de los estudios, en la escuela del ojo izquierdo (amor incondicional). En otros términos, primero se enseñaba el amor incondicional, y, solo después, el conocimiento intelectual lógico y tecnológico exterior. En esta última civilización actual, las enseñanzas del amor incondicional ya no se conocen ni se imparten, y solamente se enseña el conocimiento intelectual lógico y tecnológico exterior, razón por la cual el mundo actual está como está. El conocimiento intelectual, lógico y tecnológico exterior, **sin previo amor incondicional,** es empleado para la guerra y para la destrucción del medio en que vivimos.

V.- Nombre sagrado. El apellido 'Om Phi' llegó a convertirse en un nombre sagrado. Recientes descubrimientos científicos y matemáticos, como se verá después, revelan y confirman el verdadero sentido y significado de su nombre.

Este gran maestro, por alguna razón, durante mucho tiempo, no quiso ser conocido por su nombre original, razón por la cual, a lo largo de la historia, ha utilizado diferentes nombres. Solo hasta ahora, nos es dado conocer, a media luz, su nombre original. A lo largo de la historia, quiso ser llamado y conocido con otros diferentes nombres, distintos del original, pero actualmente su nombre completo, con nombre y apellido, es *'Mejor Om Phi'*. Quienes lo conocen también suelen emplear su nombre invertido, así: *'Om Phi Mejor'*.

Para **exaltar y proclamar** el nombre de 'Mejor', sus discípulos lo utilizaban con júbilo, alegría y entusiasmo, en forma exclamativa, así: ¡¡'Mejor siempre mejor'!! ¡¡'Mejor siempre mejor!! ¡¡'Mejor siempre mejor!!

VI.- 'Mejor', en la universidad. 'Mejor' estableció escuelas universitarias, a lo largo y ancho de este planeta. En el antiguo Egipto, estableció un gran centro de crecimiento educativo. Era una gran universidad con doce sedes progresivas, establecidas y dispersas, a lo largo del rio Nilo, con sus correspondientes templos, que también eran llamados 'templos de sabiduría', antes de llegar a la gran pirámide, donde obtenían el doctorado o P.H.D.

VII.- Sus dos vidas. 'Mejor', el gran mago y maestro, nos pide distinguir sus dos vidas diferentes:

a) La vida de su ser real. Esta es su vida real, principal, primordial y original. Esta vida de 'Mejor' solo es susceptible de vivirse, fuera del tiempo y del espacio. De allí viene su apellido *'Om Phi'*, su ser absoluto, indicativo de estar en la plenitud de su ser. Es una vida *no susceptible de cambios, libre o vacía de cambios,* y no está sometida a los cambios de las energías de este universo.

b) La vida de su ser accesorio es su vida aparente, o su apariencia de realidad, su vida secundaria y accidental, su vida dual que es *susceptible de aparecer o desaparecer.* Lo accesorio depende de lo principal. Esta vida de su ser accesorio solamente es susceptible de vivirse dentro del tiempo y el espacio. De allí, viene su nombre de *'Mejor',* su ser relativo. Es la 'tendencia natural' hacia lo mejor, que es la conciencia de estar en la búsqueda consciente de la plenitud del ser, y está sometida a las energías de este universo. *Es la vida, en el mundo de la magia, buscando escaparse del universo finito de lo mágico.* 'Mejor', el mago y maestro, ha vivido en diferentes épocas, tiempos y civilizaciones. Cuando ha estado o ha vivido, en el planeta tierra, ha adoptado diferentes vidas aparentes, razón por la cual ha utilizado diferentes nombres.

c) Las culturas.
Las culturas y civilizaciones, en este planeta, se remontan y extienden, realmente, hasta cinco y medio millones de años atrás, cuando sucedió algo colosal que alteró lo que existía. Nuestra primera cultura provino, originalmente, de las estrellas, o sea de culturas exteriores ajenas a la tierra y al sistema solar.

VIII.- Los cuatro grandes poderes de su tecnología.

'Mejor', el gran mago y maestro, y toda su familia, junto con todos sus discípulos, poseían una muy elevada sabiduría que les daba muy extraños poderes. Manejaban una desconocida y superior tecnología, llamada *'la tecnología interior'*, que comprende, entre otros, cuatro grandes poderes, así:

a) *El dominio del poder de no sufrir,* y del poder de creación de la mejor belleza. Esta 'ciencia del poder de no sufrir', o de la trascendencia de todo sufrimiento, es una ciencia desconocida en el planeta tierra, en forma total o casi total, porque todo o casi todo ser humano sufre.

b) *El dominio del poder de no morir,* y del poder de vivir en cualquier dimensión de la realidad. Esta 'ciencia del poder de no morir' es desconocida en el planeta tierra, en forma total o casi total, porque todo o casi todo ser humano muere.

c) *El dominio del poder sobre sí mismo.*
Esta ciencia ha sido, a veces, un poco menos desconocida, por algunos grandes magos y maestros que han vivido en el planeta tierra.

d) *El dominio del poder sobre las fuerzas de la naturaleza.* Esta ciencia ha sido, a veces, parcialmente ejercida, por algunos grandes magos y maestros del planeta tierra.

IX.- El dominio del poder de no sufrir y de la merkaba-náutica.

a) Es una *tecnología interior, llamada la ciencia de la caliterología.* La caliterología general, tanto interior como exterior, es el dominio del poder de mejorar y embellecer cualquier cosa, persona o planeta, con solo desearlo. Es la ***ciencia de la fabricación del mejoramiento de la belleza,*** tanto de la mejor belleza interior, como de la mejor belleza exterior. *Era la profesión y diversión de los antiguos dioses.* Las voces kala, kali, kalo, en griego, significan 'lo bueno de tener una buena belleza'. La palabra 'kalíteros', en griego, significa: 'Lo mejor de tener una mejor belleza', es decir, 'lo mejor que es superior a lo simplemente bueno.

b). *La caliterología exterior* está emparentada también con otras ciencias, artes, magias, técnicas y tecnologías. Por ejemplo, de allí deriva **'calistenia'**, que es un entrenamiento para tener un buen cuerpo físico y para tener belleza, la fuerza, la flexibilidad, la agilidad, el equilibrio, la coordinación y el acondicionamiento aeróbico del cuerpo. De allí, deriva también la antigua **'calipedia o calipaideia'**, ciencia de los dioses, cuyo objeto era procrear hijos bellos y hermosos. Era una especie de ingeniería genética y epigenética muy avanzadas. De allí, proviene también la **'caligrafía'**, que es el arte de hacer una buena escritura, bella y hermosa. De allí, viene también la **'calología'** que es la disciplina estética dedicada a embellecer y conservar la belleza de la parte exterior del cuerpo humano. También, de allí, deriva la disciplina de la **'calobiótica'** que es la ciencia y el arte de 'vivir bien', de vivir bueno y del buen vivir.

c). *La caliterología interior es la disciplina científica para el desarrollo del poder de no sufrir y de la merkabanáutica, para vivir mejor y vivir en la realidad.* Es la ciencia de la trascendencia del sufrimiento interior y de la tecnología del merkaba. Tiene como objeto dejar de sufrir, para vivir mejor. 'Vivir mejor' es mucho y muchísimo más que simplemente vivir bien. 'Vivir mejor' va más lejos y mucho más allá que la simple ciencia de 'vivir bien', de vivir bueno o del buen vivir. Es vivir en la realidad.

La caliterología interior comienza por 'aprender' a dejar de sufrir, para no volver a sufrir más, y poder vivir mejor. *La caliterología interior más avanzada es la ciencia de la transportación interdimensional y extradimensional, por medio del vehículo de transportación, llamado el* **Merkaba de los Mer.** El merkaba es un campo electromagnético vivo, de 18 metros de diámetro, que se emplea para transportar el espíritu y el cuerpo, y que también sirve de cuerpo de luz viva, para quien ya no tiene cuerpo. Este campo ***'no' es innato al ser humano*** y debe ser desarrollado, por medio de la tecnología interior de la caliterología interior, que comienza, por aprender a dejar de sufrir, y aprender a vivir en la realidad.

Sufrir es cualquier forma de no felicidad, o la ausencia de plenitud. Si la felicidad no es total y completa, continua y permanente, es porque hay sufrimiento, sufrimiento oculto o inconsciente. El merkaba se hace o se construye con una **sustancia lumínica vital.** El amor incondicional genera esa sustancia lumínica vital, real e inmaterial, que mejora y vivifica cualquier cosa. Merkaba es, literalmente, el trono portátil de la luz en que el espíritu se transporta, en las dimensiones materiales inferiores, o interdimensionales superiores.

27

10.- EL JURAMENTO MÁGICO

I.- Así juraban los discípulos, al comenzar y al terminar los estudios de alta magia, en la 'Escuela de Altos Misterios' de Mejor:

"Amén, Amén, Amén. Y que a mí nunca se me olvide que yo pertenezco al templo Om Phi- de la Única Verdadera Realidad- de la sabiduría de la *'luz interior del amor'*, que está dentro de mí, y que a mí nunca se me olvide". Amén, Amén, Amén.

Tú, también, puedes hacer el juramento, frente a un espejo.

II.- Viniste a aprender a recordar qué eres.

1.- La evolución de la conciencia humana ha colapsado y 'caído', varias veces, en el olvido de lo que realmente fuimos.

2.- El ser humano cree, en forma equivocada, que vino a este planeta tierra, a sufrir y a morir.

3.- Tú viniste al planeta tierra a *recordar cómo aprender*: **a)** aprender a no sufrir, **b)** aprender a no morir, **c)** aprender el amor incondicional y la sabiduría espiritual, **d)** aprender a saber cuál es tu verdadero origen y tu real destino, **e)** y aprender a saber realmente qué eres tú.

4.- Esto se llama la búsqueda y la posesión de *la victoria sobre el sufrimiento y la victoria sobre la muerte.* Este es el verdadero mensaje de la resurrección y la ascensión.

5.- La **verdadera función principal** de los grandes y verdaderos magos que han vivido, en este planeta tierra, es **deshacer o desmitificar el mito** de las realidades mágicas del universo, e inmunizar contra la apariencia de realidad de este mundo. Repite el juramento mágico, tres veces.

6.- 'Om Phi Mejor', el mago y maestro, está dispuesto a enseñarte todos los poderes de la magia, para desaparecer los tres universos mágicos que existen.

11.- LAS HERRAMIENTAS DE LA TECNOLOGÍA INTERIOR DE LA ALTA MAGIA DE LA CALITEROLOGÍA. LA CUARTA DIMENSIÓN.

Se trata de la caliterología interior, para las dimensiones tercera, cuarta y quinta, de esta supuesta y aparente realidad dimensional. Para otros, corresponden a las dimensiones cuarta, quinta y sexta, que también llaman mundos o soles. El paso entre las dimensiones tercera y cuarta, requiere un conjunto de herramientas.

I.- Las herramientas.

Su objetivo primordial y principal e inmediato es triple:

a) Poder pasar o ascender a la cuarta dimensión,

b) Tener un medio para poder hacer dicha ascensión. Es crear un merkaba natural no dual o cuerpo de luz, que permita al ser humano hacer dicho tránsito, y ascender a dimensiones superiores,

c) aprender a satisfacer todas las necesidades propias del ser humano, sin necesidad de depender de la tecnología externa, ni luchar, ni sufrir.

Las herramientas son las siguientes:

1.- Amor incondicional. Cuando el amor se desmaterializa, se convierte en *una sustancia lumínica* real e inmaterial.

2.- Un equipo portátil, *detector y bloqueador de pérdidas y fugas energéticas,* con entrenamiento sobre tecnologías avanzadas de predicción, resiliencia, inmunidad, prevención y desaparición de sufrimientos, dolencias y afecciones.

3.- El dominio y memorización de algoritmos, de *claves mágicas de acceso* y de fórmulas geométricas secretas.

4.- Un tubo generador portátil de alta energía no dual, de última generación, para el procesamiento de *energía vital, pránica, alimentaria y plasmática.*

5.- Tres *estrellas tetraédricas* portátiles.

6.- Un laboratorio portátil, de estación espacial, para trabajos de alta magia, llamado el *espacio sagrado y secreto,* con un centro para imágenes diagnósticas y exámenes de laboratorio.

7.- *Ocho tubos lumínicos.* **8.-** Un vehículo de transporte interdimensional, de origen natural no dual, llamado *merkaba.* Hay un merkaba diferente para cada dimensión.

9.- Un equipo portátil para *comunicaciones* con la tercera red electromagnética planetaria, y para comunicaciones interdimensionales y extradimensionales.

10.- Un generador de *frecuencias electromagnéticas* de alta gama.

11.- Tener anhelo o espíritu ascensional, y tener preparación para el último giro de 90 grados y para entrar en la realidad.

12.- Saber cómo crear o desaparecer objetos, cuerpos, planetas y universos mágicos.

13. Conocimientos de las matemáticas elementales de la Geometría Sagrada. *No se requiere ningún tipo previo de educación formal.* En este escrito, el gran mago y maestro, te enseña a comenzar con las tres primeras herramientas.

II.- La caída dimensional de la conciencia humana.

Se trata del opacamiento u oscurecimiento de la presencia del ser del espíritu, en el ser humano. En el universo, hay doce (12) dimensiones. Algo similar ocurre en la escala musical de doce (12) tonos o notas, y en la escala cromática de doce (12) colores, y en muchas otras escalas de doce (12) peldaños o aspectos. La caída dimensional es un proceso de separación o alejamiento de la plena conciencia pura o de la realidad pura, en el cual el espíritu del ser humano descendió y cayó hasta la tercera dimensión. Este fenómeno es conocido como la caída o gran caída. En la 3D, aparece la vida humana (espíritu en un cuerpo). Es lo más bajo a donde pudo haber caído el ser del espíritu. Otra forma de decirlo es verlo como un proceso gradual de opacamiento de la luz pura del ser del espíritu, rodeándose de doce (12) cubrimientos o capas dimensionales, o como un proceso de entrar en un sueño profundo de doce (12) capas oníricas o hipnóticas, o como una pérdida de la conciencia, en doce (12) capas graduales de inconciencia y de ignorancia.

III.- El escape y el rescate. Ahora, el ser del espíritu está en un proceso gradual inverso y ascendente de regreso o de retorno, a través de las doce (12) dimensiones, por medio del deshacimiento o desprendimiento o pérdida de dichas capas dimensionales, buscando recobrar la plena conciencia pura de ser espíritu. No es este el momento de dar explicaciones de dicho suceso, es decir, de la magnitud colosal de lo ocurrido. Lo cierto, en este momento concreto, es que la caída ya es un hecho, en el cual estamos y vivimos. Lo cierto es, también, que la magnitud del golpe colosal de la caída, nos produjo un estado profundo de inconciencia, de sueño, de olvido y de ignorancia, del cual no hemos salido ni hemos podido recuperarnos plenamente. Tal fue el golpe de la caída que olvidamos dónde estamos. Olvidamos de dónde veníamos ni para dónde íbamos. Olvidamos qué fue lo que pasó y cómo sucedió. Olvidamos quiénes somos y qué somos. Estamos en el abismo del olvido. Se nos olvidó el camino de regreso. Llegamos aquí por nuestra propia cuenta, pero olvidamos cómo salir de aquí, por nuestra propia cuenta. En este momento, lo único más urgente es buscar la manera de salir de aquí, lo más pronto posible. Ha habido varios intentos de rescate, realizados con el único apoyo de nosotros mismos, pero ha sido un fracaso total. Nuestro bajo estado de conciencia aún no es apto para hacerlo, por nosotros mismos. Necesitamos pedir ayuda a alguien que quiera rescatarnos o de alguien que quiera ayudar cómo aprender a auto-rescatarnos. La verdad es que necesitamos las dos cosas, la ayuda de alguien y nuestra propia auto-ayuda. El ayudante sin nosotros no puede hacer nada. Nosotros sin el ayudante tampoco podemos hacerlo solos. Ese proceso de salida tiene muchos nombres: Liberación, iluminación, santificación, salvación, ascensión, rescate, despertar, salida, escape, retorno, regreso.

IV.- Características de la cuarta dimensión:

Aquí, en el planeta tierra, los seres humanos se encuentran en la tercera dimensión, comenzando la primera, desde cero (0), hasta cero puntos nueve (0.9). Así: Primera: 0 hasta 0.9; segunda: 1 hasta 1.9; tercera: desde 2 hasta 2.9. También llamada, por otros, el cuarto sol o el cuarto mundo, porque comienzan a contar no desde cero, sino desde uno (1). Las características de la tercera dimensión ya son totalmente conocidas por todos nosotros, los seres humanos que aún estamos y permanecemos aquí, o los seres humanos que han vivido aquí.

1.- En la cuarta dimensión, somos más energía que materia, y somos físicamente menos densos. En la tercera dimensión, somos más materia que energía, y somos físicamente más densos. Nuestros cuerpos serán transparentes, como fantasmas de luz.

2.- En la 4D, nuestros pensamientos se realifican, cristalizan o materializan o se hacen realidad, al instante y mucho más rápido que en la 3D. En la 3D, el pensamiento de hacer o fabricar algo (un carro, una casa, un objeto) lleva un transcurso muy largo de tiempo.

3.- En la 4D, seguiremos teniendo un cuerpo físico, pero será un cuerpo físico más tenue, liviano, ingrávido, ligero y sutil. A un nivel más alto, es un cuerpo de plasma transparente. A quienes ya han pasado más allá de la 4D, les es permitido, en casos muy singulares, tomar un cuerpo de 3D, por algún tiempo, para cumplir alguna misión muy específica.

4.- En la 4D, ya no dependemos de la tecnología exterior del mundo externo, propia de la 3D.

5.- En la 4D, nuestro cuerpo tendrá una mayor altura, desde tres (3.00) metros en las mujeres, y hasta cuatro metros con ochenta centímetros (4.80) en los hombres.

6.- En la 4D, nuestro cuerpo será más perfecto que en la 3D.

7.- En la 4D, nuestro espíritu estará más liberado de la materialidad del universo físico, y será más libre de las ataduras materiales, propias de los cuerpos físicos de la 3D. **8.** - En la 4D, somos físicamente inmortales, mientras pasamos a la próxima quinta dimensión superior, donde ya hemos salido del mundo de las formas.

9.- En la 4D, estaremos un periodo de tiempo, muy breve y muy corto, mientras aprendemos a prepararnos para hacer el paso o tránsito a la 5D. **10.-** En la 4D, entraremos en un proceso adicional intensivo de purificación física, emocional, mental, y mental racional espiritual.

11.- En la 4D, ya no regresaremos a la 3D. Es un gran viaje sin regreso, y continuaremos viajando hasta la 12D.

12.- En la 4D, ya no seremos físicamente visibles para los seres humanos de la 3D; y los seres humanos de la 3D ya no serán físicamente visibles para los seres de la 4D.

13.- En la 4D, volveremos a nacer, como nace un bebé en la 3D, necesitado de ayuda y de cuidados.

14.- En la 4D, ya no existirán las necesidades materiales, propias de los seres humanos de la 3D.

15.- En la 4D, volveremos a nacer, con un cuerpo ya adulto, con nuestro cuerpo adulto actual, el cual será apenas un bebé en la 4D.

16.- En la 4D, todavía tendremos un poco de ego, es decir, rezagos, residuos, huellas o rastros de nuestra vida material en la 3D, e inicialmente nos dedicaremos a la caliterología exterior, es decir, a embellecer y mejorar el cuerpo físico, y a tener el más bello y perfecto cuerpo del mundo, hasta que nos cansemos de hacerlo y comencemos a tomar conciencia plena del sinsentido, mediocridad y frivolidad de seguir embelleciendo, hasta el extremo, el pasajero y frágil, temporal y siempre imperfecto y mortal cuerpo humano y sus formas materiales o exteriores.

17.- En la 4D, tendremos una nueva madre y un nuevo padre, como los tuvimos en la 3D.

18.- En la 4D, volveremos a recibir una nueva información y educación, como lo hacen los padres, con sus niños, en la 3D.

19. - En la 4D, desaparece radicalmente nuestra ignorancia de las leyes del crecimiento espiritual y la ignorancia de las leyes del amor incondicional universal.

20.- En la 4D, ya no habrá ni existirán más enfermedades, ni problemas ni dolores ni sufrimientos, propios de la 3D. Desaparecen las patologías físicas y las psicopatologías actuales.

21.- En la 4D, seremos mucho más imperturbables, pacíficos, amorosos y felices.

22.- En la 4D, no volveremos a tener las creencias ni los pensamientos negativos o discordantes de la 3D, cuya materialización, en la 4D, nos devuelve a la 3D. En la 4D, es esencial haber aprendido a cuidar la forma de pensar en forma negativa y no amorosa, porque todo pensamiento discordante o negativo se materializa, en el instante mismo de ser pensado, razón por la cual es imposible permanecer en la 4D. **23**.- En la 4D, entenderemos mucho mejor, qué es, cuál es y cómo es 'la única verdadera realidad'.

24.- En la 4D, entenderemos mejor, qué es y cuál es la vida humana, real y verdadera, y entenderemos mejor qué es la vida accesoria o no real, holográfica o ilusoria.

25.- En la 4D, sabremos, mucho mejor, cuál es nuestro real origen, cuál es nuestro real destino futuro, y cuál es la razón de ser de nuestro ser.

26.- En la 4D, eliminaremos las creencias actuales de todo lo relacionado con la 3D, y entenderemos mucho mejor los conceptos de realidad, verdad, amor, realidad única, reino de los cielos y Dios.

27.- En la 4D, entraremos y estaremos en un estado de preparación para nuestro paso a la 5D.

28.- Quienes ya manejan la caliterología interior de la 4D, pasan a la 5D. Los que no saben hacerlo son devueltos a la 3D. Podría haber un paso masivo a la 4D, pero no pueden permanecer allí, porque no se habían preparado para ello. Estos pudieron pasar inicialmente a la 4D, por muerte inconsciente natural, pero su estado de conciencia no estaba preparado para permanecer en la 4D.

29. - El paso entre la 3D y la 4D, es la primera y única fase menos fácil del proceso. De ahí en adelante, ya todo es muy fácil, demasiado fácil, suave y fluido.

30.- Entre la 3D y la 4D, existe un gran vacío interdimensional, insalvable, llamado el **Dwat** por los antiguos egipcios, el cual es una verdadera pared insalvable y no atravesable. Es salvable o atravesable, única y exclusivamente, por una nave interdimensional, única en toda la galaxia, mediante la cual, hacemos un proceso de tránsito o ascensión a la 4D. Esta es la **ascensión**, propiamente tal, del ser humano, en un vehículo luminoso y transparente de transporte interdimensional, llamado merkaba. Dicho vehículo es un trono circular portátil, del ser del espíritu y del cuerpo. Es un campo tridimensional geométrico de luz viva, hecho de luz y que hace parte esencialmente integrante del ser humano que lo posee y ha aprendido a hacerlo suyo. Está hecho de la energía real e inmaterial, generada por el amor incondicional.

31.- El ser humano no es un ser interdimensional. Solamente su cuerpo material o su 'cuerpo de luz'. (variable según las diferentes dimensiones) es interdimensional. El ser del espíritu es extradimensional. Tú estás aquí, en la tierra, al mismo tiempo, en todas las dimensiones. Todas las dimensiones están aquí, como están todas las ondas de radio de todas las emisoras que puedes escuchar. Es cuestión de sintonía. Todo ser humano, que está en tercera dimensión, ha roto y tiene rota la conexión que nos une a las dimensiones superiores, (y que tienen un mayor grado de perfección), en las cuales ya estamos, pero de las cuales no somos conscientes. Es urgente y necesario restablecer la conexión de nosotros con nosotros mismos, en otras dimensiones. Esas partes separadas de nosotros mismos se llaman los seres superiores (en plural), que somos nosotros mismos en otras dimensiones. También se llaman **el ser superior**

dimensional, (en singular). Por encima de todos ellos, está el único y gran ser superior que es la única y verdadera realidad que existe.

32.- Nuestro proceso normal de regreso, a la realidad extradimensional, es por etapas dimensionales, desde la 3D a la 12D, salvo que se permita, a los habitantes de la tierra, hacer un salto dimensional excepcional y extraordinario, sin el recorrido previo de algunas etapas.

33.- Con el paso o tránsito a la 4D, todas las sustancias físicas no naturales, creadas artificialmente por el ser humano, y que no existen en la naturaleza, como es el plástico y todas la cosas hechas de plástico, se deshacen o volatilizan o desaparecen. Dichas formas son sostenidas en su existencia, por la conciencia humana de 3D. Son creaciones mágicas humanas.

34.- En la 4D, hay otra tierra, otro sol, otro cielo, otro sistema solar, otro sistema de galaxias, otro universo, que sirve de modelo y prototipo al universo de 3D. El universo de 3D es una burda imitación o copia o réplica, hecha por la conciencia humana, del universo de la 4D. En la 4D está el modelo y prototipo de la 3D.

35.- Algunos seres humanos ya están viviendo en la 4D. Se llaman los '**maestros espiritualmente ascendidos**'. Este nuevo estado de conciencia es posterior al estado de conciencia de los '**maestros espiritualmente iluminados**', que están en la 3D o que todavía no han ascendido. Son, según se sabe, un poco menos de 20.000 personas.

12.- LA DESAPARICIÓN DE LOS TRES UNIVERSOS MÁGICOS

I.- 'Om Phi Mejor', el gran mago y maestro, distingue cuatro grandes universos, así: **1.- El universo de afuera, hecho por otro u otros, que está fuera de ti.** Es el universo que 'crees' que fue hecho por otro u otros que vinieron o vivieron, antes de ti. Es un universo que tú 'crees' que está fuera de ti. Es una falsa creencia de origen inconsciente. Según la ciencia actual, este universo exterior no es real, pero tiene la *falsa apariencia de existir. La materia es una imagen que no tiene realidad propia.* **2.- El universo de afuera, hecho por ti, que está fuera de ti.** Es una proyección inconsciente. Es una proyección mental, onírica, virtual, ilusoria, holográfica, vacía. Está hecho de imágenes proyectadas. Igual sucede cuando sueñas, o te miras al espejo, o cuando ves imágenes en la pantalla del cine o de la televisión o del celular. **3.- El universo de adentro, hecho por ti, que está dentro de ti.** Son tus creencias, tus pensamientos, tus emociones y tus sentimientos. Tampoco es el universo real original. **4.- El universo de adentro, 'no' hecho por ti, y que está dentro de ti.** Es el único realmente verdadero. Es un multiuniverso, que está dentro de ti y 'no' depende de ti. **II.- Los tres primeros universos.** Estos tres universos pertenecen a la vida del ser accesorio. Solo el último universo pertenece a la vida del ser real original. Los tres primeros universos están sometidos al tiempo y al espacio. *Son vanos, vacuos y vacíos. Son intentos fallidos de imitación o copia de 'lo real original', y* son siempre imperfectos. Solo el cuarto es siempre perfecto. Los tres primeros forman un solo universo ilusorio, pero éste es visto desde tres maneras diferentes. Son irreales, pero tienen una falsa apariencia de realidad. Son las tres caras de un fantasma. ***Los tres primeros universos pertenecen al mundo de la magia.***

III.- El universo de la magia. Aquí, en este universo, solamente viven fantasmas y seres mágicos. Todos estos seres parecen existir, pero no existen. *Solo existe lo que es real.* Todo lo que no existe, pero tiene apariencia de existir, ha sido creado por ti. Tú eres el creador del mundo mágico. Todo lo que pertenece al mundo mágico ha sido creado, única y exclusivamente, por ti, por tu forma de pensar mágica. Todo lo que pertenece al mundo mágico produce sufrimiento. Tu creaste un universo de fantasmas, y te olvidaste de que tú mismo los habías creado. Todo lo que ves fuera de ti está vacío, vacío de realidad, pero tú has llenado ese vacío con un universo de fantasmas. Ahora miras hacia afuera, y ves un mundo de fantasmas que crees que no son tu propia creación. Todo el universo y todas las cosas que en él existen, no son reales, carecen de realidad. La verdadera realidad carece totalmente de fantasmas y solamente es realidad. Hay miles y miles de fantasmas en el universo mágico, y todos fueron creados únicamente por ti. Tú siempre estás alucinando. Tu vida está llena de alucinaciones, delirios y falsas ilusiones. Todo lo que rechazas crea fantasmas ilusorios que crees reales. Tus odios, rencores y resentimientos crean fantasmas ilusorios que crees que son reales. Todo lo que te ofende, te molesta o te disgusta o te incomoda, crea fantasmas que sientes que te asustan, amenazan, te persiguen y te atacan, y de los cuales tú pretendes defenderte. Tú has creado todos los fantasmas que has creído que te atacan. En el universo de la única y verdadera realidad, no existen fantasmas que te amenacen o te persigan o te ataquen. Tú puedes deshacer y desaparecer a todos los fantasmas que viven en el mundo de la magia. Si tú abres los ojos y miras hacia afuera, tú sueñas en la magia. Si tú cierras los ojos y miras hacia adentro, tú despiertas de la magia. Dentro de ti, ya se encuentra la verdadera realidad.

13.- LAS TRES PALABRAS MÁGICAS DEL PODER FUNDAMENTAL

SÍMBOLO DE OM   **SÍMBOLO DE PHI**

SÍMBOLO DE MEJOR

OM
Vibración universal.

PHI
Perfección infinita

Hay un ser único y real, conocido como la única verdadera realidad. Según los diferentes idiomas, 'ESO' o 'ese ser' tiene diferentes nombres. La noción nominal o etimológica del nombre es la siguiente:

a) La palabra castellana Dios, la italiana Dio, la francesa Dieu, se derivan de la palabra latina Deus. Esta se deriva del griego Zeus o Theos. Esta se deriva del sánscrito Dev, que significa **Luz o La Luz**. De allí, se derivan 'deidad', divinidad, divino. Es la triple **luz** del amor, de la sabiduría y de la vida.

b) En lenguas anglogermánicas, en inglés existe la palabra Got, en alemán Gutt, en holandés Goed, que son palabras derivadas de Goot o Got, que significa **Bien o El Bien.** Es el triple **bien** del amor, de la sabiduría y de la vida.

c) En lenguas semitas, en árabe existe la palabra Ilah o Alah, y en hebreo **El** y Elohim que significan **'El Que Es'**, el ser, la plenitud de ser y del ser. El ser, que está vacío o libre de toda falsa apariencia de realidad. Es el '**Es**' de lo que existe. Es el '**Es**' de la realidad Es la única verdadera realidad original.

41

d) También es conocido como Amón, en el antiguo Egipto. Los egiptólogos actuales, según sus preferencias, usan, de manera indiferente, tres pronunciaciones diferentes, tratando de imitar la desconocida pronunciación original. Son: **Amón, Amén, Amún.** Amún, en el transcurso de los tiempos, perdió la letra M de **A**(m)**ún,** y se convirtió en Aun y **Aum,** y después en **Om,** que significa el poder de la **vibración universal**, en religiones del mundo oriental. El 'Amén' occidental, en las plegarias, tiene el mismo origen.

e) Phi es su nombre científico, geométrico y matemático, en el mundo occidental actual. Esto ha ocurrido, en épocas actuales o muy recientes de la historia, y comenzó con el gran sabio, científico, maestro y matemático, Pitágoras (Siglo VI a.C), al emplear, como símbolo matemático, la letra efe, ф ,escrita en griego, para designar la vida infinita, la vida divina, la vida espiritual y la vida perfecta. Es pronunciada 'fi' y escrita Phi. Significa, en matemáticas puras, la **perfección infinita.** Con Phi, se escriben **Philó**sofo en griego, que significa amante de la sabiduría, y **Phil**ius, filial o hijo, y también 'P.H.D', filósofo y doctor, para distinguir la alta o elevada o profunda perfección en el amor al conocimiento de algo, en los títulos universitarios.

f) El 'cielo de la realidad' es la realidad infinita, donde no existen dimensiones. En su cuerpo material y de luz, el ser humano es un 'ser interdimensional'. En él y dentro de él, ya están las doce dimensiones de la supuesta realidad de este universo. Son frecuencias de energía. Deberá trascenderlas, con la adquisición de la conciencia de existencia de una sola y única realidad, sin cuerpos, hasta llegar a la vivencia y realización del cielo, es decir, de la presencia y existencia de la única y verdadera realidad, que es luz infinita, bien infinito, vida infinita, ser infinito, perfección infinita y realidad infinita, o simplemente **realidad o la realidad**.

OM

ES EL SONIDO DE LA FRECUENCIA DE LA **VIBRACIÓN** UNIVERSAL NO DUAL

PHI

ES LA CONSTANTE MATEMÁTICA DE LA **PERFECCIÓN** INFINITA.

MEJOR

ES LA **TENDENCIA NATURAL** DEL SER HUMANO, HACIA LA PLENITUD DEL SER

¡ *"OM PHI, MEJOR SIEMPRE MEJOR"* !

¡ *"OM PHI, MEJOR SIEMPRE MEJOR"* !

¡ *"OM PHI, MEJOR SIEMPRE MEJOR"* !

OM PHI MEJOR

Significa:

1.- Yo estoy vivo. Es decir, yo tengo, aquí en la tierra, dos vidas en una sola vida: La vida accesoria de mi ser biológico y la vida real de mi ser espiritual.

2.- Yo estoy vivo en la vida, y la vida está viva en mí.

3.- Yo estoy dentro de la vida, y la vida está dentro de mí.

4.- Yo estoy consciente. Es decir, yo tengo, aquí en la tierra, dos conciencias en una sola conciencia: La conciencia del animal biológico que soy y la conciencia del ser espiritual que soy.

5.- Yo estoy en la conciencia, y la consciencia está en mí.

6.- Yo estoy dentro de la consciencia, y la consciencia está dentro de mí.

7.- Yo soy manifestación de la única y suprema 'singularidad fonética' del sonido de la frecuencia de la **vibración** universal, no dual, que ya está dentro de mí. Yo soy hijo de la 'palabra' que crea realidad.

8.- Yo soy manifestación de la única y suprema 'singularidad matemática y geométrica' de la **perfección** infinita, que ya está dentro de mí. Yo soy hijo de la única realidad perfecta.

9.- Yo soy manifestación de la triple tendencia natural consciente hacia 'lo único **mejor**', que es la vida de la plenitud del ser, que ya está dentro de mí.

10.- Yo soy amor, sabiduría y vida. El amor sin sabiduría no es amor. La sabiduría sin amor no es sabiduría. La vida humana, sin amor incondicional y sin sabiduría espiritual, no es vida humana superior, ni es vida mejor, ni es vida espiritual.

14.- MEJOR SIEMPRE MEJOR.

I.- ¿Qué es 'mejor'?
Es la tendencia natural del ser humano a ser mejor.
Es la tendencia natural del ser humano, hacia la posesión de la plenitud del ser.
Es dejar de ser lo que, con error y por error, creemos ser.

II.- ¿Qué es la plenitud del ser?
La plenitud del ser es la perfección infinita.
La plenitud del ser es la *posesión de la infinitud* de lo mejor.

III.- ¿Cuál es la triple tendencia natural?
Es la tendencia natural hacia una triple búsqueda.
a) Ser mejor es la tendencia natural, hacia la *plenitud del amor* infinito. Es la búsqueda de amor.
b) Ser mejor es la tendencia natural, hacia la *plenitud de la sabiduría* infinita. Es la búsqueda de sabiduría.
c) Ser mejor es la tendencia natural, hacia la *plenitud de la vida* infinita. Es la búsqueda de vida y de la vida que no muere.

IV.- ¿Qué busca Mejor?
Mejor busca dejar de sufrir y no sufrir más.
Mejor busca 'lo mejor de lo mejor'.
Lo mejor de lo mejor es la perfección infinita, la plenitud del ser, la posesión de la infinitud del ser.
La plenitud del ser es la *posesión de la infinitud* de lo mejor.

V.- ¿Qué es mejorar?
En cada una de las 12 dimensiones de la supuesta realidad en que vivimos, hay un proceso de mejoramiento. En cada dimensión hay 12 subniveles.

En la tercera dimensión de este mundo, (también llamada cuarto sol o cuarto mundo), donde nos encontramos, hay 12 subniveles o estados de desarrollo de una conciencia espiritualmente superior, hasta llegar a la única verdadera realidad, que está más allá de las 12 dimensiones.

Mejorar es el proceso de concientización humana de que nuestro 'cuerpo mejorable' (que es dual y está en el universo de los cuerpos) no es real, ni hace parte de la verdadera realidad.

Mejorar es el proceso de deshacer la magia de las alucinaciones y delirios y falsas ilusiones, propias de las creencias en el 'universo mágico' de lo que 'no es la única verdadera realidad'.

El cuerpo humano es mejorable, pero, por mucho que mejore, siempre será cuerpo, y siempre seguirá siendo cuerpo, pero nunca espíritu. El cuerpo es el opuesto del espíritu. El espíritu es realidad y es la realidad. El cuerpo no es realidad ni es la realidad.

Mejorar es deshacer la magia de las **falsas creencias**, que son **alucinógenos que generan las alucinaciones y delirios y falsas ilusiones** de la vida en que vivimos, creyendo que el universo mágico es real y que hace parte de la única verdadera realidad.

Mejorar es deshacer y desparecer la falsa creencia de que somos cuerpo, y la creencia de que realmente existe un cuerpo, como parte constitutiva real del ser humano. Yo no soy mi cuerpo, ni tú eres tu cuerpo.

Todo lo que no sea la 'única verdadera realidad del espíritu', (y que es lo único real que está en nosotros), es magia y pura magia y mundo mágico.

15.- EL 'AUTO-MEJOR-ESTAR' TOTAL

I. Qué es la realización de Om phi.

1. Realizar 'Om Phi' es realizar la conciencia de realizarte.

2. Realizarte es realizar 'nuestro Om Phi interior'.

3. Realizarte es realizar 'Lo único Mejor' que hay en ti.

4. Om Phi Mejor, en el ser humano, es la vía o el camino hacia la plenitud de la realización total, que es amor, sabiduría y vida.

II. La gran invocación de la gran presencia Om Phi.

1. Om Phi, yo **soy** Om Phi.

2. Om Phi, yo **estoy** Om Phi.

3. Om Phi, yo **sonrío** Om Phi.

4. Om Phi, yo **me siento** Om Phi.

5. Om Phi, yo **vivo** Om Phi.

III. - El auto-mejor-estar total.

'Hoy mismo y ahora mismo, cada vez y a cada instante,

Yo **soy** Om Phi.

Yo **estoy** Om Phi.

Yo **sonrío** Om Phi.

Yo **me siento** Om Phi.

Yo **vivo** Om Phi.

y mejor siempre mejor.

y mejor siempre mejor.

y mejor de lo mejor.

en todo y por todo y totalmente'.

IV.- Preguntas y ejercicios: Ya has practicado, en forma literal, cientos y cientos de veces: **a)** *la invocación del 'mejor bien',* que repetía el mago y maestro, frente a los problemas de la vida, **b)** *la invocación 'apacible'* del pajarito, **c)** *la invocación del 'mejor hacer'* del ciempiés **d)** ¿Qué estás esperando, para hacerlo?. Es urgente.

16.- AUTO-REALIZACION

1. YO **SOY** OM PHI, mejor siempre mejor.
2. YO **ESTOY** OM PHI, mejor siempre mejor.
3. YO **SONRÍO** OM PHI, mejor siempre mejor.
4. YO **ME SIENTO** OM PHI, mejor siempre mejor.
5. YO **VIVO** OM PHI, mejor siempre mejor.

I.- Principios prácticos para las prácticas.

a) Tú tienes el poder de comenzar a hacer y a practicar, ya mismo, los ejercicios. Solo después es dable hacer preguntas.

b) Simplemente procede a realizar la práctica, con entusiasmo y mucho amor. Olvídate y despréndete de los resultados, pues estos llegarán sin esperarlos.

c) La mejor herramienta, más perfecta y correcta de la magia, funcionará, de manera imperfecta e incorrecta, si quien la maneja tiene un pensar imperfecto o incorrecto.

d) Dice 'Om Phi Mejor', el mago y maestro, que la práctica de las enseñanzas, aquí propuestas por él, *corrigen el pensar imperfecto e incorrecto.*

e) La forma de saber si una información puede o no tener sentido práctico y teórico para ti, no es recibiendo ni entendiendo esta información que tú puedes compartir, aceptar o no aceptar, sino llevando, a la realización práctica vivencial, la información, y, en este caso, las invocaciones prácticas, aquí presentadas por 'Om Phi Mejor', el gran mago y maestro.

f) La simple realización de las invocaciones, como una 'acción sin objeto', es decir, sin perseguir el resultado, te llevará necesaria y espontáneamente, a obtener el resultado, sin necesidad de buscarlo. El resultado aparece, en forma espontánea, cuando es 'correspondiente' con tu progresivo estado de conciencia, para el mejor bien de tu propia realización espiritualmente superior. Si aún no eres correspondiente, aunque luches hasta el cansancio y el agotamiento, el resultado siempre será esquivo y lejano. La práctica vivencial de las invocaciones es la garantía que te ayudará a ser 'correspondiente' con el resultado.

II.- Instrucciones para las invocaciones. Acciones:

1.- *Decretar*, afirmar o decir la fórmula mágica, en forma mental o verbal, repetidamente, cientos y cientos de veces. Usar la respiración con pulmones llenos o vacíos.

2.- *Decir*, en forma verbal o mental, la fórmula mágica, expresando una alegre sonrisa, cientos y cientos de veces.

3.- *Entonar*, con convicción y entusiasmo, la fórmula mágica. Tú puedes convertirla en música o cántico.

4.- *Leer*, sonriendo o en voz alta, la fórmula mágica. Tú puedes colorear muchas páginas con la 'flor de la vida', mientras prácticas. También, puedes usar un tambor.

5.- *Cantar*, con celebración y alegría, en forma verbal o mental, la fórmula mágica, cientos y cientos de veces.

6.- *Escribir*, sonriendo, la fórmula, en muchas hojas, papeles y páginas, cientos y cientos de veces.

7.- *Practicar* la invocación, muchas y muchas veces, **mientras haces o realizas cualquier actividad, oficio o trabajo.** Las fórmulas mágicas deben ser vividas y vivenciadas. Puedes usar diferentes formas de respiración.

8.- *Mirarse*, sonriendo, frente a un espejo, muchas y muchas veces, mientras decretas la invocación mágica.

9.- *Memorizar* las palabras mágicas de la fórmula mágica.

10.- Mientras haces las invocaciones, recuerda uno o varios momentos en que te hayas sentido muy feliz, extraordinariamente feliz. También puedes hacer el puño o mudra o signo manual Phi, que se explica más adelante.

50

LA FLOR DE LA VIDA

Es la fórmula científica geométrica que reúne todas las matemáticas, y toda la física, la química y la biología.

Instrucciones, indicaciones y ejercicios: Puedes hacer o copiar una 'flor de la vida' más grande, de página completa, para hacer muchos ejercicios de colorear, con diferentes colores, mientras practicas las invocaciones, en forma verbal o mental. Este ejercicio, según 'Om Phi Mejor', *puede ayudar a corregir, arreglar y mejorar disfunciones y desequilibrios mentales y emocionales.* También puedes utilizar un compás profesional, para hacer el esquema gráfico de la flor de la vida, comenzando por la esfera central, lo cual también es saludable. Vas coloreando el dibujo, mientras repites las fórmulas.

51

17.- EL PODER DE LAS PALABRAS MÁGICAS.

I.- Las palabras mágicas, en la alta magia.
Los mejores magos de la alta magia emplean fórmulas mágicas, constituidas por una o varias palabras de poder.
Las fórmulas mágicas de poder 'siempre funcionan y siempre son efectivas'. Son invocaciones de poder.
Su poder depende del cumplimiento de cinco requisitos, muy fáciles de comprender y practicar. En verdad, son cinco poderes en uno solo. Son los siguientes:
1.- Estar vivo.
2.- Estar consciente.
3.- El decreto de la invocación.
4.- La carga energética planetaria de la invocación.
5.- La carga energética de integración vital.
II.- Estar vivo. Este primer requisito ya está cumplido por ti. La magia de estar vivo es un poder. Es el poder de la vida que ya se encuentra en ti. Aquí, la vida es magia. Muchos que anoche se acostaron a dormir, hoy ya no amanecieron. Perdieron el poder de la magia de vivir, mientras dormían. Hoy y ahora mismo, tú estás vivo. La magia de la vida está contigo. La ciencia actual aún no sabe qué es la vida. Tú ya tienes una fórmula mágica secreta, incorporada en tu existencia, aunque no sepas en qué consiste, ni por qué funciona. Aprovecha este primer poder, para dejar de sufrir, para no sufrir más, y para ser mejor, y para vivir mejor.
III.- Estar consciente. Este segundo requisito también ya está cumplido por ti. La ciencia actual aún no sabe qué es la conciencia. Tú estás consciente. La fórmula mágica secreta, para estar consciente, ya está dentro de ti. Por eso, lees este escrito. Aprovecha este segundo poder, para dejar de sufrir, para no sufrir más, y para ser mejor, y vivir siempre mejor.

IV.- El decreto de la invocación.

1.- *Decretar.* Tú siempre has tenido el poder de decir o decretar, en forma verbal o mental, lo que siempre has hecho cada día. Lo haces todos los días. Por eso, puedes hacer lo que haces. Los simples pensamientos también son palabras de poder y también son fórmulas mágicas.

El tercer requisito también ya está cumplido por ti. Hacer la invocación significa decir o pronunciar o decretar, en forma verbal o mental, la invocación que contiene la fórmula mágica, con las palabras mágicas adecuadas.

2.- *Características* *de las palabras mágicas.* Las fórmulas mágicas, dadas por 'Mejor', el mago y maestro, y que aquí te las entrega, tienen dos características, así:

a) Ya vienen cargadas, con una energía intrínseca, con una triple carga energética particular en ellas mismas, aportada por las siguientes tres palabras de poder, la palabra 'Om', la palabra 'Phi', y por la palabra, 'mejor'.

b) Ya vienen preparadas. Han sido establecidas, como una delicada fórmula de alta magia, en forma directa y personal, por el mismo 'Om Phi Mejor', el mago y maestro, quien aquí te las entrega, y te indica emplear, de ahora en adelante. Por consiguiente, este tercer requisito del decreto de la invocación también ya está cumplido.

3.- *Los hechos milagrosos.* Las escrituras sagradas de las diferentes religiones están llenas de hechos milagrosos, que son o parecen hechos mágicos de alta magia. ¿Recuerdas cuál fue la fórmula mágica para crear este universo?: *'Hágase la luz',* y la luz fue hecha. Todos los universos están hechos de luz. Según la ciencia actual todo está hecho de luz. Es la fórmula para crear universos, planetas y galaxias, con la energía del plasma del universo. *Los universos de plasma son la rama de la física actual más avanzada del universo holográfico.* ¿Recuerdas cuál es la fórmula mágica para resucitar muertos,

53

que empleó el gran maestro?: 'Talita kumi', dijo, y el muerto recobró la vida y comenzó a caminar. Recuerdas, también, que el maestro levantó su mano sobre la tempestad, y ésta desapareció. ¿Cuál fue su fórmula mágica secreta? El maestro escupió en el suelo, e hizo un poco de barro o de lodo con la tierra, lo aplicó a los ojos del ciego, y éste recobró la vista. Alguna vez, escribió sobre la arena la fórmula mágica secreta, pero sus discípulos no pudieron descifrarla. Tú puedes hacer llover, parar la lluvia, sanar una dolencia, dejar de sufrir, aparecer o desaparecer. Son tecnologías mágicas que puedes y debes aprender.

V.- La carga energética planetaria de la invocación. Es necesario energizar o energetizar la fórmula mágica.

Hay una triple carga energética, y hay tres tipos de energización, así: **a)** La carga energética intrínseca. **b)** La carga energética planetaria. **c)** La carga energética de integración vital. **a)** *La carga energética intrínseca.* Aquí, la fórmula mágica ya trae y contiene esta energía. Las fórmulas mágicas complementarias ya tienen incorporada la carga energética intrínseca, en tres palabras mágicas: Om, Phi, Mejor. Esta energía hace parte del tercer requisito, sobre el decreto de la invocación. También ya está cumplido, en la fórmula mágica misma, por razón de su mismo contenido y significado. No cualquier fórmula mágica trae y contiene esta energía. **b)** *La carga energética planetaria.* Es una doble carga energética. **1)** Viene del nuevo campo electromagnético de la tercera 'Gran red electromagnética planetaria'. Ya fue creada para todos los seres humanos, y fue puesta en funcionamiento, en 08/02/**2008**. Su origen y tecnología será explicada en su oportunidad. Las fórmulas mágicas de la Red nunca funcionan para hacer daño. La Red está blindada contra cualquier tipo de ataque. Nunca podrá ser destruida.

54

2) A ello, se añade la poderosa energía de la alineación de la tierra con el centro de la galaxia, en 21/12/**2012**. Este cuarto requisito también ya está cumplido.

VI.- La carga energética de integración vital.
Ello significa tener el *estado de conciencia adecuado y 'correspondiente' con las palabras mágicas empleadas.* Es necesario que la palabra mágica se integre a tu propia vida. Esto significa que la fórmula mágica, junto contigo, lleguen a ser la misma cosa. Un aspecto de este asunto es que tú le entregues o le prestes tu propia energía a la fórmula mágica, y otro aspecto es que la fórmula mágica se convierta en ti mismo. No se requiere nada más, para cumplir este quinto requisito, porque *el poder infinito ya está dentro de ti.* Ello significa que tú mismo, en forma personal, llenes la fórmula con tu propia energía vital. La fórmula mágica es como un recipiente que debe ser llenado de energía por ti.

Para que la fórmula mágica funcione, es necesario que sea cargada con la energía personal de quien emplea las palabras mágicas. Te iremos diciendo, paso a paso y poco a poco, cómo hacerlo. Esta es la razón por la cual no podemos hacer esta labor por ti. Debes hacerlo tú mismo. La fórmula debe estar cargada con tu propia energía, venida del Gran Poder.

VII.- Hay otros requisitos opcionales, que pueden ser convenientes, para la mayor eficiencia y eficacia de la fórmula mágica, pero que no son estrictamente necesarios:

a) Estar en un relativo estado de relajación o no estarlo.

b) Poner un poco de imaginación o no ponerla.

c) Poner una intención o no ponerla.

VIII.- Hay dos clases de fórmulas mágicas: La fórmula mágica principal y las fórmulas mágicas complementarias.

La utilización de la fórmula mágica básica principal o fundamental es esencial y necesaria, para llenar de poder y cargar de energía, otras fórmulas mágicas complementarias.

18.- LA INVOCACIÓN DEL FLUIR UNIVERSAL

Om Phi, yo estoy dispuesto a actuar de otra manera.

I.- Invocaciones Om Phi del fluir.

1.- Om Phi. Yo estoy tomando la vida como viene.

2.- Om Phi. Yo estoy tomando las cosas como llegan.

3.- Om Phi. Yo estoy fluyendo con todo lo que me ocurre.

4.- Om Phi. Yo estoy fluyendo con todo lo que sucede.

5.- Om Phi. Yo estoy fluyendo con la vida.

II.- La Invocación apacible y la invocación imperturbable.

Om Phi. Yo estoy en paz y en calma; yo soy tranquilidad y serenidad.

Om Phi. Yo soy amorosamente imperturbable.

III.- Invocaciones Om Phi, para dejar de rechazar.

1.- *Om Phi. Yo estoy dispuesto a no volver a rechazar a personas, situaciones o cosas, en el flujo de la vida.*

2.- *Om Phi. Yo acepto lo que es.*

3.- Om Phi. Yo acepto lo que es, tal como es, sin pretender cambiarlo, antes de que yo mismo haya cambiado.

4.- Om Phi, yo estoy dispuesto(a) a hacer todo lo que hago, mejor siempre mejor, en amor y con amor, (sin tener que luchar ni sufrir, para poder hacerlo). Lo que se hace con amor siempre fluye y mejora.

5.- *Om Phi es amor y es el amor. Mejor busca el amor,* y el amor me hace mejor.

6.- Om Phi, yo estoy dispuesto a fluir, fluir y fluir, sin sufrir, sin luchar y sin resistirme al cambio de mí mismo.

7.- Om Phi. Yo estoy dispuesto a vivir, en un estado natural y espiritual de resiliencia.

IV.- Invocaciones Om-Phi de la comodidad.

1.- Om Phi. - Yo estoy cómodo, muy cómodo, **aquí y fuera de aquí.** Yo me siento cómodo, muy cómodo, aquí y fuera de aquí.

2.- Om Phi. - Yo estoy cómodo, muy cómodo, **aquí y en cualquier sitio.** Yo me siento cómodo, muy cómodo, aquí y en cualquier sitio.

3.- Om Phi. - Yo estoy cómodo, muy cómodo, **en mí mismo y conmigo mismo.** Yo me siento cómodo, muy cómodo, en mí mismo y conmigo mismo.

4.- Om Phi. - Yo estoy aprendiendo a disfrutar de cualquier incomodidad. Yo estoy **disfrutando** de cualquier incomodidad.

V.- Invocaciones Om Phi de realificación.

Realificar, en sentido espiritual, es crear realidad, y en sentido falso o no espiritual, es hacer que algo inexistente se vuelva real, es decir, es crear la apariencia de realidad, o crear la apariencia de que es real lo que no es real.

1.- Om Phi, yo acepto que resistirme al cambio y a cualquier cambio interior, hace real todo lo que no es real.

2.- Om Phi, yo acepto que rechazar el cambio interior, y a personas, situaciones y cosas, hace real todo lo que no es real.

3.- Om Phi, yo acepto que rechazar cualquier cosa, persona, situación o circunstancia, me hace creador y me vuelve creador de mis propias circunstancias y de la falsa realidad de lo que es simplemente aparente, razón por la cual sufro.

4.- Om Phi, yo acepto que luchar contra lo que sucede y contra lo que no me gusta, y contra los acontecimientos, no deja fluir la vida, ni mi vida, ni los acontecimientos cambiantes de este mundo.

VI.- Invocaciones Om Phi de no resistencia al cambio
1.- Om Phi, yo acepto que la 'única verdadera realidad' no cambia y nunca cambia, ni es cambiable ni mutable. **2.-** Om Phi, yo acepto que la 'única verdadera realidad' es inmutable. **3.-** Om Phi, yo acepto que todo lo que fluye cambia, y, si cambia carece de verdadera realidad, porque la verdadera realidad nunca cambia. **4.-** Om Phi, yo acepto que todo lo que fluye cambia, y, si cambia carece de verdadera realidad, y si impido que cambie y reacciono contra el cambio, le doy realidad. **5.-** Om Phi, yo acepto que, en todo lo que cambia, no está la realidad. **6.-** Om Phi, yo acepto que todas las cosas que cambian, pertenecen al universo mágico de todas las cosas que cambian, y que aparecen y desaparecen. **7.-** Om Phi, yo acepto que mi espíritu y el gran espíritu no cambian. El espíritu no es cambiante ni variable. **8.-** Om Phi, yo acepto que cambiar, es cambiar una cosa por otra, o es transformar una cosa en otra, en el universo de las cosas que cambian y varían, y que tienen cuerpo, pero el espíritu no cambia.

VII.- El rechazo produce resistencia y oposición y reacción, la oposición crea la apariencia, la apariencia crea la creencia, la creencia crea fantasmas, los fantasmas te asustan, te amenazan, te persiguen y te atacan, y generan el sufrimiento en que tú vives, y el sufrimiento aparenta destruir la realidad inconmovible que está dentro de ti.
1.- Om Phi, yo acepto que resistir al cambio y resistirme al cambio, crea la apariencia de realidad que genera el sufrimiento.
2.- Om Phi, yo acepto que rechazar o no aceptar lo que sucede, y tratar de cambiarlo, y luchar para cambiarlo, crea la apariencia de realidad que genera el sufrimiento.

3.- Om Phi, yo acepto que cualquier reacción de rechazo y todo rechazo, a cualquier cosa, (sean personas, situaciones, circunstancias, acontecimientos o cosas), destruye la imperturbabilidad de mi paz interior.
4.- Om Phi, yo acepto que las cosas que pueden cambiar y han de cambiar, cambien, y yo dejo que cambien o no cambien, sin sufrir por ello, y sin pretender dañar a otros.
5.- Om Phi, yo acepto que dejar que las cosas cambien, sin sufrir por ello, permite construir la realidad de la imperturbabilidad y la realidad de mi paz interior, dentro de mí. **6.**- Om Phi, yo acepto que la naturaleza de la apariencia de realidad de las cosas cambiantes que cambian, es cambiar y seguir cambiando, ya sea que yo sufra o que no sufra.
7.- Om Phi, yo acepto que mi sufrimiento y todo sufrimiento es siempre inútil, porque no tiene el poder real de cambiar el mundo externo, pero es destructivo, porque tiene el poder de crear la apariencia y la creencia de destruir mi mundo interno y destruirme a mí mismo. **Por mucho que yo sufra y que yo llore, el muerto no resucita.**
8.- Om Phi, yo acepto que, cuando yo sufro, el sol y las estrellas, las montañas y los ríos, las flores y las aves, y las cosas emocionalmente insensibles, no sufren conmigo, ni se conduelen, ni me consuelan, ni me compadecen, ni pueden cambiar mi mundo interno. Son insensibles a mi sufrimiento. El mundo externo no cambia, por mucho que yo llore, o por mucho que yo sufra, o por mucho que yo siga sufriendo. Mi sensibilidad es mía, y no viene del mundo de lo externo. **9.**- Om Phi, yo acepto que, en mi ignorancia, pretendo destruir la realidad, busco cambiar la realidad, rechazo la realidad, y creo la apariencia de lo que no es real.
VIII.- Las leyes de atracción del sufrimiento.
1.- La realidad nunca produce sufrimiento. Solo lo que no es real crea la no realidad del sufrimiento.

2.- Tú eres el creador del sufrimiento, sin saberlo. Tú, en forma inconsciente, creas tu propio sufrimiento.

3.- Todo sufrimiento crea más sufrimiento y más situaciones de sufrimiento. **4.-** Los que te ofenden o te contrarían o te molestan o disgustan son los 'ignorantes de turno' que sirven para recordarte que tú mismo no has salido de tu propia ignorancia sobre lo que es la realidad. **5.-** Lo que rechazas o criticas o juzgas o discriminas o de lo cual te quejas, en otras personas, crea la apariencia de realidad.

6.- Cuando aprendes a no sufrir, atraes menos sufrimiento y menos situaciones de sufrimiento, y menos ignorantes de turno que te recuerden que aún no has aprendido a no sufrir.

7.- Mientras no hayas aprendido a no sufrir, estarás atrayendo sufrimiento y seguirás siendo correspondiente con situaciones de ignorancia que te hagan sufrir más.

8.- Todo rechazo es carencia y negación de aceptación incondicional, que es una forma del amor incondicional.

9.- Las nuevas cosas no te llegan cuando tú quieres o deseas, sino cuando tu estado de conciencia se ha hecho correspondiente con que puedan llegar.

10.- Las cosas buenas o malas que te llegan, únicamente llegan, porque tu estado de conciencia se ha hecho correspondiente con el hecho de que lleguen a tu vida.

11.- No se trata de ser imperturbable, sino de ser amorosamente imperturbable. No se trata de tener la rigidez e inflexibilidad de la piedra o del hierro. Se trata de ser adaptable como el agua, o tener la reciedumbre de la flexible caña de bambú, y la fortaleza de la flexibilidad del acero, que se doblegan, pero no se rompen ni se quiebran fácilmente.

12.- Dice un proverbio: Hay tres cosas que no pueden cambiarse: La flecha lanzada al aire; La leche derramada, por causa de la vasija que se ha roto; y la oportunidad perdida. Llorar y sufrir por ello, no cambia lo que ya ha sucedido.

19.- ¿QUÉ ES FLUIR?

1.- Existen dos formas de nadar, en esta vida: **a)** Fluir o ir a favor de la corriente del río; **b)** fluir o luchar o tratar de fluir contra la corriente del agua que corre. En el ser humano, fluir es ir a favor del amor incondicional 'y no resistirse al cambio'. Este fluir también se llama resiliencia.

2.- **Resiliencia** es la capacidad natural bioenergética para prepararse, recuperarse y adaptarse, ante cualquier situación de estrés, reto o adversidad, en los cuatro niveles físico, emocional, mental y mental espiritual.

3.- La resiliencia es: **a)** *natural,* cuando está basada en las propias fuerzas del ser humano, sin ayuda del espíritu. Es siempre temporal y pasajera, **b)** *espiritual,* cuando está basada en el poder inmutable del espíritu. Esta es la verdadera resiliencia.

4.- La 'real y verdadera vida' vive y está hecha de la vida del amor imperturbable. En el ser humano, hay **dos clases de amor**: El amor cambiante que es perturbable y no durable, y el amor no cambiante que es imperturbable y permanente.

5.- *Los doce principios del amor incondicional.* Para fluir, en el ser humano tales principios son: [1] comprender, [2] aceptar, [3] respetar, [4] auto-asumir la responsabilidad de los propios actos, [5] valorar, [6] agradecer, [7] ser flexible y adaptable, [8] actuar, [9] consciente, [10] imperturbable, sin reacción emocional y sin tener que luchar ni sufrir ni resistirse al cambio, [11] ascender [12] y trascender.

6.- Hay dos formas de fluir: **a)** Fluir a favor de nuestro ser real, y **b)** fluir a favor de nuestro ser accesorio. Fluir a favor de nuestro ser real, es fluir a favor de la vida real y verdadera. Fluir, a favor de la vida de nuestro ser real, es fluir hacia lo principal, y es dejar de luchar por tener que vivir en el ser de lo accesorio y lo circunstancial, propios de este universo. Fluir hacia lo principal es ir más allá del tiempo y del espacio.

7.- Fluir a favor de lo accesorio es:

a) Es dejarme afectar y permitir que mis sentimientos y emociones discordantes afecten y alteren mi imperturbabilidad.

b) Es quedarnos estancados y atrapados, en la cárcel del tiempo y el espacio, regida por las leyes del triple universo mágico.

c) Es luchar en vano y en el vacío, contra un fantasma ilusorio, que parece y que creemos nos ataca. Es el fantasma ilusorio y aparente de los hechos y acontecimientos del tiempo y del espacio, carentes de toda verdadera realidad.

d) Es luchar contra el cambio interior y atacar las cosas que cambian, y no aceptar que la naturaleza de las cosas que cambian, es cambiar.

e) Es tratar de impedir que las cosas que deben cambiar, cambien, como lo es también sufrir por el envejecimiento de las cosas que envejecen.

f) Es actuar con sufrimiento y con resignación.

g) Es no saber que la resignación es una forma de rechazo.

h) Es no saber que todo el que sufre, lucha contra un fantasma que no tiene realidad, pero que creemos que tiene realidad.

i) Es no saber que todo este universo es un gran fantasma, y es no saber que todos los acontecimientos de este universo son fantasmas, que se deshacen cuando no luchamos contra ellos, y que desaparecen cuando no nos oponemos a su apariencia que creemos realidad.

Ejercicio. En las acciones de tu vida, ¿cuáles sientes que fluyen a favor de la vida de tu ser real, y cuáles sientes que van hacia la vida de tu ser accesorio?. Puedes hacer una lista.

62

20.- LA INVOCACIÓN DE LA IMPERTURBABILIDAD

I.- La invocación apacible.

Om Phi, yo estoy en paz y en calma, yo soy tranquilidad y serenidad.

II.- Invocaciones para comenzar a aprender a 'ser amorosamente imperturbable', y deshacer la magia

1.- Om Phi- Nada ni nadie me afecta.

2.- Om Phi- Nada ni nadie me altera.

3.- Om Phi- Nada ni nadie me perturba.

4.- Om Phi- Nada ni nadie me desarmoniza.

5.- Om Phi- Nada ni nadie me desanima.

6.- Om Phi- Nada ni nadie me estresa.

7.- Om Phi- Nada ni nadie me indispone.

8.- Om Phi- Nada ni nadie me impacienta.

9.- Om Phi- Nada ni nadie me desespera.

10.- Om Phi- Nada ni nadie me hace disgustar.

11. Om Phi- Nada ni nadie me entristece.

12.- Om Phi- Nada ni nadie me deprime.

13.- Om Phi- Nada ni nadie me angustia.

14.- Om Phi- Nada ni nadie me preocupa.

15.- Om Phi- Nada ni nadie me hace sufrir.

III.- Grados de imperturbabilidad. Son:

1.- No tener pensamientos negativos o emociones negativas.

2.- Tener pensamientos positivos y emociones positivas.

3.- Tener pensamientos tranquilos y emociones tranquilas.

4.- Estar vivo y consciente, sin pensamientos ni emociones.

5.- Estar vivo y consciente, donde ya no existen pensamientos humanos ni emociones humanas.

IV.- Invocación de invulnerabilidad

1.- Om Phi- Yo soy amorosamente imparcial.

63

2.- Om Phi- Yo soy amorosamente neutral.

3.- Om Phi- Yo soy amorosamente impasible.

4.- Om Phi- Yo soy amorosamente insensible.

5.- Om Phi- Yo soy amorosamente inalterable

6.- Om Phi- Yo soy amorosamente inquebrantable.

7.- Om Phi- Yo soy amorosamente invencible.

8.- Om Phi- Yo soy amorosamente imperturbable.

9.- Om Phi- Yo soy amorosamente invulnerable.

V.- Invocación de la serenidad.

Om-Phi, dame *serenidad*, para aceptar las cosas que creo inevitables; *valor*, para cambiar las cosas que creo son cambiables, y *sabiduría*, para reconocer que todas las cosas de la magia (accesoria de mi vida) son cambiables.

VI.- Invocación Om-Phi, acompañada del mudra o signo manual Om-Phi. Es un signo muy discreto, que puede hacerse en cualquier parte. Es hacer un puño, en forma relajada y muy discreta, con una o ambas manos, poniendo el dedo pulgar sobre el dedo índice, sin levantar o parar el dedo pulgar. Nunca abrir el puño. También, se puede apretar o contraer el puño, aflojando o distendiendo, sin abrir el puño, en forma alternativa, en la misma mano, mientras se repiten las invocaciones, así:

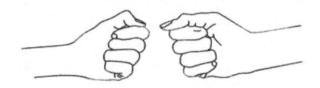

El signo manual o mudra Om Phi
Desarrolla el poder de concentración energética, vital, emocional y mental.

21.- COMPRENSIÓN Y COMPASIÓN

1.- Para ser comprensivo y compasivo, no es necesario sufrir. Hay dos clases de imperturbabilidad: La insensibilidad del ignorante que es propia de su ignorancia, y la insensibilidad del sabio que es propia de la sabiduría. **2.**- *El verdadero amor comprende, pero nunca sufre.* Hay la compasión que sufre, y la compasión que no sufre. Hay el amor que sufre y el amor que no sufre. Sabiduría también es emparejarse con el ignorante. Por ello, la sabiduría finge sufrir, para no ofender a la ignorancia. El sabio finge llorar, para no ofender a los que lloran.

3.- El ser amorosamente imperturbable es una propiedad esencial de la sabiduría, de la paz interior y del amor incondicional. El sufrimiento pertenece al triple mundo de la magia. **Quien sufre, sufre por ignorante.** 4.- Según "Mejor", el gran sabio, mago y maestro, es necesario "aprender" a no sufrir. Puedes decretar: *Om Phi, yo estoy dispuesto a aceptar que es posible realizar cualquier actividad o presenciar cualquier suceso, sin tener que sufrir.* 5.- El suceso, que ha de suceder, siempre sucederá, sea que tú sufras o sea que tú no sufras. Todo suceso es neutro. *El sufrimiento es una creación mental* que tú añades al suceso o insuceso, por ser ignorante. El mismo suceso o insuceso, a unas personas, les produce tristeza o rabia. El mismo suceso o insuceso, a otras personas, les produce felicidad y alegría. 6.- No es control mental ni control emocional. **No sufrir es aprender a ser amorosamente imperturbable.** Esto es la sabiduría propia de los grandes magos y de los grandes maestros. Toda forma de sufrimiento debe ser trascendida, y toda forma de sufrimiento debe ser objeto de renuncia.

22.- LA RENUNCIA

(Formas múltiples de sufrimiento)

1.- Om Phi- Yo renuncio a dejarme afectar por los demás.

2.- Om Phi- Yo renuncio a dejarme afectar por mis seres queridos.

3.- Om Phi- Yo renuncio a dejarme afectar, por lo que me sucede.

4.- Om-Phi- Yo renuncio a dejarme afectar, por lo que otros dicen de mí.

5.- Om Phi- Yo renuncio a tratar de cambiar a los demás, para yo sentirme mejor.

6.- Om Phi- Yo renuncio a tratar de cambiar a mis seres queridos, (porque yo creo saber, en forma equivocada, qué es lo mejor para ellos).

7.- Om Phi- Yo renuncio a tratar de cambiar las circunstancias externas, antes de haberme cambiado a mí mismo.

8.- Om Phi –Yo renuncio a tratar de cambiar el mundo exterior, antes de haber cambiado mi mundo interior.

9.- Om Phi –Yo renuncio a esperar que los demás cambien primero, para yo cambiar después.

10.- Om Phi- Yo renuncio a culpar a los demás.

11.- Om Phi- Yo renuncio a culpar a mis seres queridos.

12.- Om Phi- Yo renuncio a culpar a otros, por lo que ocurre o no ocurre.

13.- Om Phi- Yo renuncio a culpar, a nadie ni a nada, por lo que yo siento.

14.- Om Phi- Yo renuncio a buscar culpables de lo que sucede o me sucede.

15.- Om Phi- Yo renuncio a quejarme y lamentarme de las personas y las cosas, y de la vida y de mí mismo.

16.- Om Phi- Yo renuncio a juzgar, a enjuiciar y a criticar.

17.- Om Phi- Yo renuncio a renegar y a protestar.

18.- Om Phi- Yo renuncio a imponer mis puntos de vista.

19.- Om Phi- Yo renuncio a interferir en la vida de los demás.

20.- Om Phi- Yo renuncio a dar opiniones y consejos que no me han pedido, o que no son de mi incumbencia.

21.- Om Phi- Yo renuncio a tener la razón.

22.- Om Phi- Yo renuncio a culpar a la vida.

23.- Om Phi- Yo renuncio a sufrir, porque otros sufren.

24.- Om Phi- Yo renuncio a luchar contra la vida.

El ignorante no sabe renunciar, ni sabe por qué hacerlo. El sabio no culpa ni busca culpables. No juzga, ni critica, ni se queja, ni hace enjuiciamientos.

a) Es necesario distinguir entre el estado de inocencia, el estado de ignorancia y el estado de sabiduría. El inocente no sabe que no sabe. El ignorante cree que sabe, pero no sabe. El ignorante realmente no sabe por qué es necesario renunciar a toda forma de sufrimiento, ni sabe cómo hacerlo. El sabio sabe que sabe, y no juzga ni critica.

b) *Todo sufrimiento emocional-sentimental es el resultado de una 'creencia mágica'*, propia de la ignorancia del ignorante, que 'cree' estar en lo cierto cuando sufre, y que 'cree' que el triple universo mágico es real. *El sufrimiento no es amor real.*

c) Solamente el sabio 'sabe que sabe' que debe renunciar a toda forma de sufrimiento, y sabe cómo hacerlo.

d) El aprendiz de alta magia es el que busca el amor, la sabiduría y la vida, y renuncia a todo por lograrlo.

Ejercicio. Procede a hacer una lista de acciones o sucesos que sientes que te producen cualquier forma de rechazo o cualquier forma de sufrimiento. Puedes hacer la lista, ya mismo.

67

23.- SEIS ACTITUDES BÁSICAS FRENTE AL SUFRIMIENTO

(Seis formas básicas de sufrimiento)

I.- La magia de la disposición de no sufrir más.

1. Om Phi- Yo estoy dispuesto(a) a no sufrir más, 'por nada ni por nadie, ni por nadie ni por nada'.

2. Om Phi- Yo estoy dispuesto(a) a no sufrir más, 'por las cosas adversas' que me ocurren.

3. Om Phi- Yo estoy dispuesto(a) a no sufrir más, porque las cosas no son, como yo 'creo'.

4. Om Phi- Yo estoy dispuesto(a) a no sufrir más, porque las cosas 'no resultan', como yo quiero.

5. Om Phi- Yo estoy dispuesto(a) a no sufrir más, porque las cosas no las puedo conseguir, como yo 'deseo'.

6.- Om Phi- Yo estoy dispuesto(a) a no sufrir más, porque las cosas que me amenazan, atemorizan y perturban, no son como yo siento.

II.- Los nombres de las seis invocaciones. Son los siguientes: a) **1.-** La invocación anti-apegos. **2.-** La invocación-anti-adversidades. **3.-** La invocación anti-creencias. **4.-** La invocación anti-fracasos, **5.-** La invocación anti-deseos. **6.-** La invocación anti-perturbaciones y anti-temores. b) Los apegos, las adversidades, las creencias, los fracasos, los deseos, manejan y manipulan y perturban el mundo emocional del ser humano. Son distintas maneras de sufrir. c) Según "Mejor", el mago y maestro, es necesario bloquear, eliminar, disminuir y reducir, al mínimo, la emocionalidad de nuestras emociones discordantes.

III.- La hora de ser feliz. ¿Qué hora es? Es la hora de ser feliz. ¡ Om Phi, mejor siempre mejor ! ¿Qué hora es? Es la hora de sonreír y ser feliz.

La hora de ser feliz es ahora. ¡Om Phi, mejor siempre mejor!

68

24.- EL BLOQUEO DE EMOCIONES DISCORDANTES

1.- Om Phi- Nada ni nadie tiene la capacidad de **ofenderme**.

2.- Om Phi- Nada ni nadie tiene la capacidad de **disgustarme**.

3.- Om Phi- Nada ni nadie tiene la capacidad de **molestarme**.

4.- Om Phi- Nada ni nadie tiene la capacidad de **ofuscarme**.

5.- Om Phi- Nada ni nadie tiene la capacidad de **incomodarme**.

6.- Om Phi- Nada ni nadie tiene la capacidad de amenazarme, atemorizarme o perturbarme.

7.- Om-Phi- Nada ni nadie tiene la capacidad de **hacerme perder la paz interior.**

8.- Om Phi, el gran ser de la paz y del amor está dentro de mí.

9.- Om Phi- La paz interior y el amor incondicional permanecen en mí y están siempre conmigo.

I.- La sensibilidad emocional del ser humano
El sufrimiento es una sensación física o psíquica desagradable. El sufrimiento físico y el sufrimiento emocional se sienten. La sensación de sufrimiento es propia

de los seres vivos que tienen un sistema sensible o sensitivo. Aquí nos referimos únicamente a los seres humanos.

II.- Las emociones tóxicas. Ante la ansiedad, el miedo, la pena u otras emociones tóxicas o de efecto indeseable, las personas suelen estresarse, entristecerse o deprimirse. La causa próxima o inmediata de la *depresión* (también llamada tristeza grave o extrema o profunda) puede estar en la muerte de un ser amado, o en la pérdida de un ser querido, o en el divorcio, o la separación de un ser querido, o en la pérdida del empleo, o en la enfermedad crónica. Son falsas creencias que pertenecen al mundo de la magia.

III.- La muerte. Nunca nadie ha muerto y nunca nadie morirá. Muere el cuerpo mágico, pero ningún cuerpo es el 'ser real', que nunca muere. El ser real que está dentro de tí no está sometido a las leyes del tiempo y del espacio, propias de las cosas que mueren y desaparecen en el universo mágico. El cuerpo que muere no soy yo, ni eres tú. El ser de mi espíritu nunca muere.
Hay *dos clases de inmortalidad*:
a) con mente consciente y con cuerpo sin vida, que luego resucita. (*Resurrección*),
b) con mente consciente y con cuerpo viviente, sin morir el cuerpo, en la cuarta dimensión. (*Ascensión*).

IV.- La pérdida. Nadie nunca pierde nada, porque nada nos pertenece y porque nada es real, en este universo, hecho de magia. Lo que es verdaderamente real, dentro de ti, nunca se pierde. Confundimos el amor y el apego.

V.- La inutilidad, fracaso o desesperación. Las personas también suelen deprimirse por un sentimiento de inutilidad,

70

cuando *'creen'* ser un fracaso, o cuando *'creen'* que le han fallado a todo el mundo. A todos nos puede sumir, en tristeza profunda, una situación tensa o tensionante o estresante o llena de ansiedad. Si alguien cae en la desesperación, o si *'cree'* que no puede ver cómo salir de una seria dificultad, es posible que se deprima gravemente. Es el resultado de los tres universos mágicos, en los cuales estamos atrapados. Son fantasmas ilusorios que aparecen y desaparecen, en el triple universo de la magia.

VI.- El hábito del sufrimiento. La repetición de actos de sufrimiento se convierte en un hábito de sufrimiento. La simple presencia u ocurrencia casual u ocasional de una sola cualquiera de las diferentes situaciones de sufrimiento, generalmente tiende a agravarse, por razón de la 'ley física de la entropía' o tendencia natural al caos, al deterioro o desorden del cuerpo y la materia. Ello, tarde o temprano, se convertirá en un hábito de sufrimiento, consciente o inconsciente, si tú no haces algo realmente positivo, para impedirlo o evitarlo, para deshacerlo o desaparecerlo.

VII.- Es necesario comenzar a eliminar el hábito de calificar, con un lenguaje negativo, los sucesos que nos contrarían.

25.- LA LEY DE PERFECCIÓN, EN MEDIO DE LA DESDICHA O DEL DESASTRE

1. Om Phi- Yo acepto que, para mí, **nada es desgracia, calamidad o desdicha.**
2.- Om Phi- Yo acepto que, para mí, **nada es catástrofe, tragedia o desastre.**
3.- Om Phi- Yo acepto que, para mí, **ninguna situación o circunstancia es adversa.**
4.- Om Phi- Yo acepto que, para mí, **nada está en caos.**
5.- Om Phi- Yo acepto que, para mí, **nada es sufrimiento.**
6.- Om Phi- Yo acepto que, para mí, **toda situación o circunstancia es perfecta.**
7.- Om Phi- Yo acepto que, para mí, **siempre está sucediendo lo mejor.** (Aunque, en apariencia, yo crea que esté sucediendo lo peor)
8.- Om Phi- Yo acepto que, para mí, **todo lo que sucede es perfecto, dentro del universo mágico en que vivo. 9.-** Om Phi- Yo acepto que, para mí, **todo está en orden perfecto, para que yo pueda aprender a través del sufrimiento, a dejar de sufrir, a ser mejor y ser feliz, y a saber qué es la realidad.**
10.- Om Phi – Yo acepto que, para mí, **todo es como debe ser.**
11.- Om Phi- Yo acepto que, para mí, el sufrimiento no es real ni hace parte de la verdadera realidad.

'Om Phi Mejor' es la 'fuerza imperturbable de la paz interior', que viene del espíritu, para trascender el sufrimiento que viene de las cosas que, por error, creemos, y, por error, calificamos ser desgracias, desdichas, y desastres, y como contrariedades, ofensas, disgustos e incomodidades.

26.- LA PAZ INTERIOR Y EL SUFRIMIENTO

I.- *Clases de paz.* Existe la paz de adentro y la paz de afuera, la paz interior y la paz exterior. **La paz exterior es imposible, sin la existencia previa de la paz interior, que nace del espíritu y del amor incondicional.**
Según lo exterior o lo interior, existen cuatro (4) clases de paz, así:
a) La paz **exterior** *que nace de la paz exterior.*
Es la paz bélica o la paz de la guerra o la paz de las armas que viene de la presencia de las armas o que viene del cese de las armas o del cese de la guerra.
b) La paz **interior** *que nace de la paz exterior.*
Es una paz falsa. Tú no te molestas ni incomodas, mientras nada ni nadie te incomode, ni nadie te perturbe. Mientras todo esté bien por fuera, tú 'crees' estar bien por dentro.
c) La paz **exterior** *que nace de la paz interior dual.* Esta no es tampoco la 'verdadera' paz exterior ni interior. Es solamente la paz emocional y la paz mental, en el mundo dual, propio de este universo.
d) La paz **interior** *que nace de la paz interior, real y original.*
Esta es la verdadera paz interior, que viene del amor incondicional, de la sabiduría espiritual y de la vida real del espíritu. Esta es la verdadera paz interior y exterior.
Según la emocionalidad o el sentimiento, existen cuatro (4) clases de paz, así: *a) La paz del cuerpo físico.* Es la paz física o fisiológica producida por el dormir o por la anestesia o por la relajación o por la ausencia de dolor físico. *b) La paz emocional.* Es la paz que viene de aplacar la exaltación de los sentimientos y emociones. Se basa en el amor emocional-sentimental, propio de los seres humanos. Es una paz cambiante e inestable y muy poco confiable, como lo son todas las emociones y sentimientos humanos. Hoy amamos

y mañana odiamos. De acuerdo con las investigaciones científicas más recientes, esta paz tiene su sede en el centro energético llamado 'chacra superior del corazón' humano. Es la sede del amor emocional inestable. *c) La paz mental.* Es la paz que viene del pensamiento tranquilo que aún no ha eliminado todo tipo de creencias. *d) La paz del amor incondicional.* De acuerdo con las investigaciones científicas más recientes, esta paz tiene su sede en el centro energético, llamado 'chacra inferior del corazón'. Este chacra o centro energético del ser humano ocupa un lugar inferior al llamado chacra superior del corazón humano de que hablan las escuelas hinduistas y orientales. El chacra inferior del corazón es la sede del amor incondicional. Es un descubrimiento científico reciente. El antiguo y tradicional sistema oriental de los siete chacras o centros energéticos, no lo conoce. También se conoce como la paz del espíritu, la paz real original, la paz del Om Phi absoluto.

II. El camino de la paz. La imperturbabilidad interior nos conduce a la paz interior. La paz interior nos lleva al amor incondicional, Y el amor incondicional nos lleva a la posesión de la plenitud del ser, y esto nos lleva a *poseer el atributo del ser, llamado la felicidad de estar en la realidad.* 'Ser amorosamente imperturbable' conduce a la paz interior del amor incondicional y a la paz del espíritu, que es lo que propiamente se conoce como la verdadera paz interior.

III. ¿Cómo aprender a no sufrir?

1.- Sufriendo es como aprendemos a no sufrir.

Todo sufrimiento es consecuencia y resultado de un error de aprendizaje que, como tal, si aprendemos de él, es decir, si aprendemos a no sufrir, necesariamente nos lleva a la sabiduría, a la sabiduría espiritual, a la sabiduría del amor, a la máxima sabiduría, a la sabiduría por excelencia.

No confundas el dolor físico y el sufrimiento interior. Hay quienes tienen dolor físico, pero no sufren por ello. Por el contrario, son la inmensa mayoría los que sufren, por todo lo que ocurre y les sucede, sin tener dolor alguno. El sufrimiento físico, llamado dolor, es fruto y consecuencia del sufrimiento psíquico interior generalmente inconsciente.

2.- El valor de la salud, el dinero y la paz interior.
a) Apreciamos y valoramos la salud, a través del dolor. Es así como, a través del dolor y del sufrimiento interior, aprendemos a tener salud y a cuidar de la salud. **b)** Apreciamos y valoramos el dinero, a través de su escasez. Es así como aprendemos a cuidar el dinero que obtenemos de nuestro trabajo. **c)** Apreciamos y valoramos la paz interior, cuando hay sufrimiento en nuestra vida. Es así como aprendemos a valorar la paz interior, el amor y la felicidad, a través del sufrimiento interior.

3- La saturación de sufrimiento. Solo cuando llegamos a la 'saturación de sufrimiento', solo entonces estaremos preparados y dispuestos y listos, para: **a)** para comenzar, en forma consciente, a aprender a no sufrir, **b)** para terminar la resistencia al cambio interior, **c)** para dejar de luchar contra la vida, **d)** para tomar conciencia de que realmente hay otra manera de vivir, **e)** para comprender que todo sufrimiento es: *Primero,* un claro indicativo del desconocimiento de la existencia de las leyes superiores que rigen la vida humana; *Segundo,* es un claro indicativo de la violación, en forma consciente o inconsciente, de las leyes superiores del amor. *Tercero,* es un claro indicativo de la ignorancia en que vivimos, pues por mucho que sepamos, ignoramos el mayor conocimiento: Lo que son las leyes del amor verdadero e incondicional, total y universal, que nunca sufre. 'La saturación de sufrimiento nos prepara para deshacer la magia y comenzar una nueva y mejor vida'.

75

27.- ¡YO ESTOY COMENZANDO UNA NUEVA Y MEJOR VIDA!

1.- Om Phi. Yo agradezco que amanecí vivo y consciente.

2.- Om Phi. Yo agradezco que aún sigo vivo y consciente.

3.- Om Phi. Yo comienzo de nuevo, dando gracias por lo que ya he recibido.

4.- Om Phi. Para mí, cada día que comienza es el amor de la vida que despierta.

5.- Om Phi. Para mí, el amor resplandece en la luz de cada día.

6.- Om Phi. Para mí, hoy es un nuevo día, un día único, diferente de los anteriores.

7.- Om Phi. Para mí, la vida solo puede vivirse en el ahora del tiempo.

8.- Om Phi. Con amor, comienzo a vivir una vida nueva, y, en amor, comienzo a ser una persona nueva.

9.- Om Phi. Yo estoy dispuesto(a) a usar este día y cada día, de manera constructiva, amorosa y positiva.

10.- Om Phi. Hoy y ahora mismo, yo espero y encuentro solo el mejor bien, en este día maravilloso.

11.- Om Phi. Con amor, cada día, cada hora, cada momento, yo estoy teniendo la oportunidad de comenzar de nuevo.

12.- Om Phi. Yo estoy dispuesto(a) a comenzar de nuevo, y a demostrar amor y abundancia en mis asuntos.

13.- Om Phi. Yo siempre estoy comenzando de nuevo, porque la vida es crecimiento, amor y cambio.

14.- Om Phi. Yo incluyo a ´Om Phi´, en mis planes, y todo se hace posible, y todo comienza de nuevo.

15.- Om Phi. Yo estoy dispuesto(a) a hacer que mis pensamientos y energías se concentren en vivir el día de hoy.

16.- Om Phi. Ahora es el momento de aceptar y recibir todos los bienes que han sido preparados para mí.

17.- Om Phi. Yo ya tengo todo lo que necesito para hacer que este día sea provechoso, constructivo y próspero.

18.- Om Phi. Yo estoy dispuesto(a) a usar la plenitud de las oportunidades de este día, para mi crecimiento y disfrute.

19.- Om Phi. Para mí, nunca es demasiado tarde ni demasiado temprano, para comenzar de nuevo.

20.- Om Phi. Ricas bendiciones de plenitud y satisfacción me esperan hoy y cada día.

21.- Om Phi. Para mí, cada nuevo comienzo es la construcción del amor y del mejor bien, en mi vida.

22.- Om Phi. Para mí, cada día es un día para comenzar de nuevo.

23.- Om Phi. Yo estoy en el umbral de un nuevo día, lleno de todas las maravillas y de todas las posibilidades de la vida.

24.- Om Phi. Desde hoy, yo estoy dispuesto(a) a aprender a no sufrir la vida, a vivirla a plenitud y a comenzar de nuevo.

25.- Om Phi. Yo estoy dispuesto a comenzar a vivir el presente, en el presente, sin pasado y sin futuro.

Instrucciones e indicaciones:

1.- Es mejor *comenzar a hacer* algo, aquí y ahora, que *pensar en comenzar* a hacerlo después. Comienza a practicar.

2.- Es mejor comenzar a hacer que terminar de pensar.

3.- Es mejor lo que está hecho, que lo perfecto que está por hacer. Practicar las fórmulas mágicas.

4.- Ya tiene la mitad quien ha comenzado.

5.- Quien ha comenzado ya tiene la mayor parte del todo.

6.- Solo el presente puede construir tu futuro.

28.- LA CONCIENCIA CONSCIENTE DE LA PRESENCIA DEL PRESENTE

a. Comenzar

1.- Actuar.
Om Phi, yo estoy dispuesto a actuar, de una manera nueva y mejor, distinta y diferente.

2.- Acción.
Om Phi. El presente es actuar hoy, aquí y ahora; hoy mismo, aquí mismo y ahora mismo.

3.- La nueva vida. Om Phi. Hoy, ahora mismo, yo estoy comenzando una nueva vida, porque hoy es el primer y mejor día del resto de mi vida.

4.- Nuevo amanecer. Om Phi, hoy yo estoy respirando el aire de un nuevo y mejor amanecer.

b. Vivir

5.- Un solo día.
Om Phi. Yo estoy aprendiendo a vivir, solamente en este día, solamente un día, "un solo día, un solo día", por día, cada día. ¡¡ Om Phi, mejor siempre mejor!!

5.- Solamente un día hasta dormir.
Om Phi. Yo estoy aprendiendo a limitarme a vivir, solamente un día y solamente el día, hasta la hora de dormir.

6.- El día separado e independiente.
a) Om Phi. Yo vivo separado e independiente del ayer y del pasado.

b) Om Phi. Yo vivo separado e independiente del mañana y del futuro.

c) Om Phi. Yo solo vivo, con alegría y entusiasmo, el día presente. ¡¡ Om Phi, mejor siempre mejor!!

c. Hacer

7. El mejor hacer: 'Om Phi, yo estoy dispuesto(a) a hacer 'todo lo que hago', con amor mejor siempre mejor, sin tener que luchar, ni sufrir, para poder hacerlo'.

8.- El quehacer diario.

Hoy, yo estoy haciendo, hoy, solamente el quehacer del día de hoy. ¡¡Om Phi, mejor siempre mejor!!

9.- El trabajo de la hora.

Ahora, yo estoy haciendo, ahora, solamente el trabajo de esta hora. ¡¡Om Phi, mejor siempre mejor!!

10.- El trabajo por hacer.

Om Phi. Yo estoy haciendo solamente el trabajo de este día y solamente el trabajo de esta hora.

11.- La decisión consciente de hacer.

Om Phi. Conscientemente, yo estoy haciendo, ahora, únicamente lo que decido hacer ahora.

12.- Una sola cosa y un solo paso.

a) Om Phi. Yo decido hacer, por vez, "una sola cosa, una sola cosa", a la vez, cada vez.

b) Om Phi. Yo decido dar y hacer, "un solo paso, un solo paso", por paso, a cada paso.

d. Disfrutar

13.- La hora del disfrute.

Om Phi. Ahora, cada día y cada hora, yo estoy disfrutando, cada día y cada hora. ¡Om Phi, mejor siempre mejor!

14.- El regocijo.

Om Phi. Ahora, cada día y cada hora, yo me regocijo y gozo con la vida. ¡¡ Om Phi, mejor siempre mejor!!

15.- El día y la hora para mí.

Om Phi. Este día, y esta hora, es solo para mí, porque el Hacedor lo hizo solamente para mí, y lo está haciendo, a cada momento, para mí. ¡¡Om Phi, mejor siempre mejor!!

29.- EL AMÉN DE AMÓN Y EL AMÉN DE ATÓN

1.- En los tiempos finales de la antigua Atlántida, hace 13.200 años, antes de su colapso y hundimiento, se invocaba el poder de una Realidad trascendental única. Pero todo cambió, cuando vino su colapso y hundimiento.

2.- Entonces, desde hace 13.200 años, los seres humanos comenzaron a invocar cientos y cientos de deidades y poderes de la naturaleza, llamados 'Amón' en singular o 'Amones' en plural, en el Egipto antiguo. Hay tres (3) pronunciaciones diferentes: Amón, Amún, *Amén*.

3.- Todas las oraciones, plegarias y peticiones a los *grandes poderes* de la naturaleza, comenzaban o terminaban, o ambas cosas, con la expresión 'Amén', como invocación a los *poderes superiores*. Mucho tiempo después, el primer faraón egipcio, llamado Akenatón, prohibió el uso de la invocación de 'Amén', y la cambió por la invocación de *Atón*, Atún, Atén que es la gran luz original, única y real, que no produce sombra.

4.- El poder y la energía de Atón estaban representados, en modo pedagógico, en el sol único físico, dador de vida al planeta tierra. El sol único real no está en este universo.

5.- Faraón significa 'aquello en que te convertirás'.

6.- Akenatón significa 'el que ama y adora a Atón'.

7.- 'Om', en las culturas orientales, invoca la vida infinitamente perfecta. 'Phi', en la cultura occidental invoca la vida infinitamente perfecta. 'Om Phi' unifica a Oriente y a Occidente, en la fuerza y el poder de la vida única.

8.- 'Om Phi' es una invocación muy poderosa, con dos nombres sagrados, en un solo nombre sagrado. El 'amón antiguo', que representaba la multiplicidad de poderes, es hoy el 'nuevo Amén', que representa el 'Poder Único'. 'Om Phi' también es la invocación del nuevo Amén.

30.- MEJOR E INFINITO

1.- Infinito
'Mejor' es la tendencia natural del ser humano, hacia la plenitud e infinitud del ser. Infinito no es lo que no tiene fin, sino lo que no tiene límites. La única gran realidad que existe no tiene límites.

El infinito es mejor que lo finito. En el ser humano, "lo mejor" es mejor que "lo bueno". Y "lo mejor infinito" es mejor que "lo mejor finito". El ser humano, en la evolución de la conciencia humana, puede 'ser mejor y estar mejor', hasta llegar al infinito.

'Om Phi' es lo mejor de lo mejor, y 'Om Phi' es el mejor de los mejores.

Solamente Om Phi es mejor que cualquier otro mejor. Om Phi es el ser infinito y la vida espiritual del ser infinito.

II.- No hay nada mejor.
La expresión *'mejor siempre mejor'*, acompañada del estado de conciencia Om-Phi, tiene un claro y evidente sentido y dirección de avanzar, ascender, subir, superar, mejorar, ir más allá, 'hasta el Infinito'.

La expresión *'mejor siempre mejor'* da la sensación de salud ascendente, de prosperidad ascendente y de espiritualidad ascendente, cuando va acompañada del 'estado de conciencia Om-Phi'. La no aceptación del infinito hace que cualquier éxito, progreso, mejoramiento o crecimiento terminen en el abismo del vacío, y hace que carezcan de todo sentido trascedente.

III.- Invocación liberadora. La invocación completa, *'Om-Phi, mejor siempre mejor',* también se emplea como un mantra espiritual. 'Om Phi' es un mantra de mantras, una jaculatoria, un segulot (hebreo), una oración o una plegaria, una exclamación con entusiasmo por la vida.

La palabra mantra viene del sanscrito mantram, que significa liberación mental, o sonido que libera la mente, o sonido físico fonético, bucal o gutural o mental, que es liberador de los pensamientos discordantes de la mente, o sonido que nos une con lo espiritual, o sonido que nos libera del estrés, de la ansiedad y de la preocupación.

IV.- El bien de lo mejor supera el falso final del 'bien de lo simplemente bueno', en el ser humano.

Las solas y simples expresiones *'estar bien', 'sentirse bien', 'vivir bien',* usadas en frases como las siguientes: Estoy bien, estoy muy bien, 'así como estoy, estoy bien', o 'así como estoy me siento bien', o 'así como vivo, vivo bien', dan la *falsa sensación* de un estado de descanso, dan la falsa sensación de ya haber llegado, dan la falsa sensación de ya haber logrado todo lo que se desea, dan la falsa sensación de que ya se logró y consiguió todo lo que se quería, dan la sensación de no aspirar a nada más, y dan la falsa sensación de plenitud, detención y estancamiento. El bien absoluto es 'lo mejor'. El bien relativo es mejorar.

V.- El falso y vano optimismo. Así, entonces, las expresiones 'yo estoy bien, o yo me siento bien', 'estar bien, sentirse bien, vivir bien', o palabras o frases similares, dan una *sensación de falsa y vana positividad, de falso y vano optimismo, de falsa y vana estabilidad,* porque apagan, disminuyen, debilitan, cortan y anulan la posibilidad de recibir y obtener algo más y mejor de la Vida, y son expresiones quietas y estacionarias que dan una falsa sensación de satisfacción, en la quietud del no avance y en la quietud de la no superación adicional, para ascender hasta conseguir el infinito y la plenitud del infinito, y dan la falsa sensación de que ya se cerró el ciclo de la espiral ascendente del crecimiento espiritual. Dichas anomalías no se corrigen, aunque la persona diga: 'Estoy bien, muy

MEJOR – La tecnología interior para trascender el sufrimiento

bien, gracias a Dios, o excelente', como suele decirse.

VI.- La vocación asintótica.

Sin el sentido superior o espiritual de Om-Phi, nada tiene vocación de mejorar. *'Mejor, siempre mejor'*, (sin la expresión Om-Phi), tiene sentido simplemente humano, pues carece de sentido espiritual. Sin embargo, en términos humanos y en términos matemáticos, la expresión completa **"Om-Phi, mejor siempre mejor" está representada, por la espiral y *serie matemática de Fibonacci*,** (que es propia de la naturaleza física), y se manifiesta como 'Om-Phi, mejor siempre mejor', cuando quiere, pretende, aspira y busca, aproximarse y unirse y fundirse, en la *constante matemática 'Phi'*, y cuando se acerca y aproxima, en forma asintótica, a la conciencia de unidad, perfección e infinitud.

La serie matemática de Fibonacci es, en matemáticas, la aproximación ascendente asintótica a un límite. Este límite, en sentido espiritual, es la infinita perfección de la única realidad perfecta. En teología, es el estado de la naturaleza humana, que, en su estado de caída, busca salir o ser sacado o ser salvado de la triple dimensión mágica de este universo, y busca el 'superior estado de la gracia', en dimensiones o estadios espiritualmente superiores.

VII.- La aceptación incondicional. La aceptación, sin resignación, es una forma del amor incondicional.

En el ser humano, el 'estado de conciencia Om-Phi' es, propiamente, la búsqueda consciente del estado de conciencia de unidad, (que viene de la propiedad unitiva del amor) que nos lleva al estado de conciencia superior, y al estado de conciencia de realidad.

Para efectos de esta información, pero ya en un sentido muy estricto o mucho más estricto y elevado, según

Drúnvalo Melchizedek, el estado de conciencia espiritualmente superior, que enseñan y practican los maestros de Mer, y de la conciencia Melchizedek, (ambas del linaje de la Orden Alfa y Omega de Melchizedek), está esencialmente caracterizado por requerir la **aceptación incondicional** de lo siguiente: **1.**- La aceptación de la existencia de la verdadera realidad. **2.**- La aceptación de existencia real de una sola y única realidad. **3.**- La aceptación de que los seres humanos, como espíritus, venimos, de esa única realidad, llamada también el Gran Espíritu. **4.**- La aceptación consciente de que los seres humanos, como espíritus, vamos hacia la realidad del gran espíritu. **5.**- La aceptación espiritual de que todos los seres humanos son nuestros hermanos y de que somos hijos del mismo único hacedor de la realidad única. **6.**- La aceptación consciente de que, para regresar o retornar a la conciencia superior, es necesario un previo proceso consciente de sacralización o iluminación o santificación o liberación, a través del desarrollo de la conciencia superior, primero, como maestros espiritualmente iluminados y, después, como maestros espiritualmente ascendidos. **7.**- La aceptación consciente de querer salvarse de esta profunda caída en la tercera dimensión, y de querer pasar a un proceso consciente de inmortalidad, a través de la resurrección, o a través de la ascensión espiritual, a dimensiones superiores a la tercera dimensión de esta falsa realidad del universo en que vivimos.

8.- La aceptación consciente de que la 'única realidad que existe', o reino de los cielos, ya está y ya vive, en lo más íntimo y profundo de cada ser humano.

31.- INVOCACIONES 'OM-PHI'
VIVENCIALES

Son invocaciones, para concientizar y santificar el presente, y para convertir cada momento, en un momento santo, y para mejorar cualquier situación.

I.- Invocación para mejorar cualquier situación.
'Hoy mismo y ahora mismo, cada vez y a cada instante, *yo* **soy** *Om Phi, y yo* **estoy** *Om Phi, y yo* **sonrío** *Om Phi, y yo* **me siento** *Om Phi, y yo* **vivo** *Om Phi,* y mejor siempre mejor, y mejor siempre mejor, y mejor de lo mejor, *en todo y por todo y totalmente'.*

II.- Invocación para hacer cualquier cosa.
'Hoy mismo y ahora mismo, cada vez y a cada instante, *yo* **soy** *Om Phi, y yo* **estoy** *Om Phi, y yo* **sonrío** *Om Phi, y yo* **me siento** *Om Phi, yo* **vivo** *Om Phi,* y mejor siempre mejor, y mejor siempre mejor, y mejor de lo mejor, en todo y por todo y totalmente, **en todo lo que hago y con todo lo que hago'.**

III.- Invocación para realizar cualquier trabajo.
'Hoy mismo y ahora mismo, cada vez y a cada instante, *yo* **soy** *Om Phi, y yo* **estoy** *Om Phi, y yo* **sonrío** *Om Phi, y yo* **me siento** *Om Phi, y yo* **vivo** *Om Phi,* y mejor siempre mejor, y mejor siempre mejor, y mejor de lo mejor, en todo y por todo y totalmente, **en mi trabajo y con mi trabajo'.**

IV.- Invocación para la salud.
'Hoy mismo y ahora mismo, cada vez y a cada instante, *yo* **soy** *Om Phi, y yo* **estoy** *Om Phi, y yo* **sonrío** *Om Phi, y yo* **me siento** *Om Phi, y yo* **vivo** *Om Phi,* y mejor siempre mejor, y mejor siempre mejor, y mejor de lo mejor, en todo y por todo y totalmente, **en mi salud y con mi salud'.**

V.- Invocación para mí mismo.

'Hoy mismo y ahora mismo, cada vez y a cada instante, *yo* **soy** *Om Phi*, y *yo* **estoy** *Om Phi, y yo* **sonrío** *Om Phi, y yo* **me siento** *Om Phi, y yo* **vivo** *Om Phi*, y mejor siempre mejor, y mejor siempre mejor, y mejor de lo mejor, en todo y por todo y totalmente, *en mí mismo y conmigo mismo'*.

VI.- Invocación, en diálogo contigo mismo.

Son invocaciones, en forma recíproca alternativa, para un diálogo recíproco contigo mismo, frente a un espejo.

1. Yo *soy* Om Phi, mejor siempre mejor.
2. **Tú** *eres* Om Phi, mejor siempre mejor.
3. Yo *estoy* Om Phi, mejor siempre mejor.
4. **Tú** *estás* Om Phi, mejor siempre mejor.
5. Yo *sonrío* Om Phi, mejor siempre mejor.
6. **Tú** *sonríes* Om Phi, mejor siempre mejor.
7. Yo *me siento* Om Phi, mejor siempre mejor.
8. **Tú** te *sientes* Om Phi, mejor siempre mejor.
9. Yo *vivo* Om Phi, mejor siempre mejor.
10. **Tú** *vives* Om Phi, mejor siempre mejor.

a) La invocación básica fundamental *'Om Phi, mejor siempre mejor'* debe hacerse *frente a un espejo, mirándose la cara,* cambiando, alternativamente, el pronombre 'yo', por el pronombre 'tú', y señalándose, con la mano,

b) También se pueden emplear diferentes formas de respiración, con pulmones llenos o vacíos.

c) La invocación, practicada en forma alternativa, también, puede emplearse para hacer prácticas grupales de dos o más personas, practicándolo en diferentes y variadas formas creativas, habladas o cantadas.

32.- LAS LEYES DEL APRENDER, DE LA AUTO-VIGILANCIA Y DE LA CORRESPONDENCIA

I. Aprender. 1.- Om Phi. Yo estoy dispuesto a aceptar que todo lo aparentemente negativo, que a mí me sucede, es una maravillosa oportunidad de *aprender.* **2.**- Om Phi. Yo estoy dispuesto a aprovechar todas las oportunidades de *aprender,* que me dan todas las circunstancias aparentemente adversas de mi vida cotidiana. **3.**- Om Phi. Yo estoy dispuesto a *aprender* a entrenarme, en el manejo armónico de mi energía interna. **4.**- Om Phi. Yo estoy dispuesto a *aprender* a reorganizar, en forma positiva, el mundo de mi mente y de mi corazón. **5.**- Om Phi. Yo estoy dispuesto a *aprender* a aceptar que el mundo interno en que vivo, es quien genera el mundo externo en que vivo. **6.**- Om Phi. Toda situación o circunstancia adversa es una *enseñanza y un aprendizaje* que me regala, con amor, la vida. **7.**- Om Phi. La experiencia de toda situación o circunstancia, aparentemente adversa o negativa, me permite llegar a la *comprensión* de la verdad, que es el amor universal. **8.**- Om Phi. Yo solo sufro por las situaciones y circunstancias que aún no he *comprendido.*
9.- Om Phi. Yo estoy dispuesto a aceptar que la *comprensión* de mi naturaleza interna y la aceptación de las circunstancias de mi vida externa, son el material de aprendizaje, para el trabajo interno, en el taller de *Om Phi Mejor,* que es la vida.
10.- Om Phi. La tecnología interior del auto-conocimiento interior es aprender a realizar el auto-descubrimiento interior de mi "realidad original", de mi "naturaleza real y original", de lo que realmente soy.
II. Auto-viligilancia. 1.- Om Phi. Yo estoy auto-vigilante de mi mente. **2.**- Om Phi. Yo estoy auto-vigilante de mis creencias, pensamientos, sentimientos y emociones. **3.**- Om Phi. Yo estoy auto-vigilante, para seleccionar y trasmutar, consciente y voluntariamente, mis propios pensamientos y

emociones. **4**.- Om Phi. Yo estoy auto-vigilante, para trascender las limitaciones y sufrimientos de mi personalidad. **5**.- Om Phi. Yo estoy auto-vigilante, para transmutar mis falsos conceptos aprendidos, y mis equivocadas creencias aprendidas, en verdades verificadas, comprobadas y comprendidas. **6**.- Om Phi. Yo estoy auto-vigilante, para transmutar mis dificultades, en oportunidades.

III. Leyes de correspondencia.

1.- Om Phi. En toda situación o circunstancia que me afecta, hay una enseñanza que me *corresponde* comprender.

2.- Om Phi. Toda situación o circunstancia que vivo, siempre está, en forma consciente o inconsciente, generada por mí mismo, y *corresponde* a mi actual estado de conciencia.

3.- Om Phi. Toda situación o circunstancia que vivo, es *correspondiente* conmigo y yo con ella.

4.- Om Phi. No hay ningún evento que no sea *correspondiente* con el nivel de mi actual estado de expansión espiritual de mi conciencia.

5.- Om Phi. Todo lo que me sucede es porque actualmente me *corresponde*, para acelerar mi desarrollo espiritual.

6.-Om Phi. Yo siempre estoy en el lugar y posición, precisos y adecuados, que exactamente me *corresponden*.

7.- Om Phi. Yo he venido a la vida, con todo lo necesario, que ya me *corresponde*, para vivirla, con plenitud y alegría.

8.- Om Phi. A mí, solo me sucede lo que me *corresponde* que suceda.

9.- Om Phi. Yo solo tengo lo que me *corresponde*, y yo solo recibo lo que me *corresponde*, según el nivel del actual estado de expansión espiritual de mi conciencia.

10.- Om Phi. Por ley de *correspondencia*, yo puedo hacer todo lo que hago y, por ley de *correspondencia*, yo no puedo realizar lo que no puedo. A nadie le sucede nada que no le *corresponda*.

11.- Las nuevas cosas no te llegan cuando tú quieres o deseas, sino cuando tu estado de conciencia se ha hecho correspondiente con que puedan llegar.

12.- Las cosas buenas o malas que te llegan, únicamente llegan, porque tu estado de conciencia se ha hecho correspondiente con el hecho de que lleguen a tu vida.

IV.- ¿Qué es la realidad? Los pensadores de todas las épocas, científicos, filósofos, teólogos y místicos se han hecho la misma pregunta: ¿Qué es la realidad?, ¿el universo es real?, ¿el cuerpo es real?, ¿los cuerpos son reales?, ¿las cosas son reales?, ¿yo soy real?, ¿qué es lo real? ¿Cuál es la naturaleza de la realidad? ¿En qué consiste la supuesta realidad del universo?, ¿en qué consiste la supuesta realidad de mi cuerpo físico o de los cuerpos o de lo corporal o de lo material o de la materia? ¿La materia o lo material o la energía material hacen parte de la realidad? Ha habido *tres respuestas*, posiciones, actitudes, concepciones o sistemas de pensamiento, ante lo que es la "realidad", o la naturaleza de la realidad. Son: *El materialismo. El espiritualismo. El dualismo que acoge las dos concepciones.* Solo es realidad la única y verdadera realidad. La única verdadera realidad nunca es material y siempre es únicamente espiritual. Solo es realidad lo que es la única y verdadera realidad. La única y verdadera realidad siempre es espiritual y no es material.

33.- DESCUBRIMIENTO CIENTÍFICO DE LA UNICA VÍA DE ESCAPE

(El origen reciente de esta información).

I.- La tecnología interior de la caliterología.

Para la caliterología interior, no es suficiente vivir bien o vivir bueno, pues busca ir mucho más allá del bien y de lo simplemente bueno. En el ser humano, *lo bueno es apenas el comienzo de lo mejor.* Hoy es mejor que ayer, y mañana será mejor que hoy. Vivir bien indica haber logrado una cierta y determinada cima de la perfección, e indica un cierto grado de estancamiento o de cansancio. Pero 'vivir mejor' indica una cima mucho más alta y que está más allá. *La verdadera perfección es infinita.* La caliterología interior es la ciencia de aprender a no sufrir, de trascender el sufrimiento y de dejar de sufrir, que es *'la forma mejor y más hermosa y avanzada de vivir la vida', y de no sufrir, para satisfacer nuestras necesidades.*

'Mejor Om Phi', el gran mago y maestro que nos guía en este libro, pertenece a ese antiguo linaje de sabios, magos y maestros que dominan la caliterología. Todos los seres humanos de este planeta sufren en diferentes formas y maneras, y vienen a este planeta a sufrir y a morir, salvo algún caso singular. Eso es estar bien y vivir simplemente bien. El sufrimiento humano que es aparentemente propio de todo ser humano, indica y significa que, en el planeta tierra, esta ciencia aún no se conoce por nadie o casi nadie.

II.- El dominio del poder de vivir en cualquier dimensión de la realidad. Merkabanáutica.

La caliterología interior más avanzada es el dominio del poder de transportarse a cualquier sitio del universo, en forma consciente y voluntaria. *Es la ciencia de la transportación intergaláctica y extra-galáctica, interdimensional y extradimensional.* Esta ciencia es

90

conocida como *'merkaba-náutica',* que es la ciencia más estudiada, en toda la galaxia. En el planeta tierra, esta ciencia de la 'Orden de Mer' aún no se conoce por nadie o casi nadie.

Estos magos y maestros, practicantes de esta ciencia, son conocidos por ser especialistas muy expertos en su profesión de viajeros 'merkaba-nautas', pues dominan la muy avanzada tecnología interior de la **merkaba-náutica'.** **Pueden transportarse, con cuerpo o sin cuerpo, a voluntad, sin tecnología exterior alguna, a las diferentes dimensiones de esta realidad.** Nosotros, los seres humanos de la tierra, tenemos apenas un dominio limitado de la aeronáutica, y demasiado limitado y escaso y pobre de la incipiente ciencia de la astronáutica, pues aún ni siquiera sabemos cómo salir del sistema solar.

III.- La no dependencia de la tecnología exterior.

Según 'Mejor', el gran maestro, el ser humano, él solo, sin ayuda exterior alguna, **puede y debe hacer lo que cualquier máquina o medio mecánico o tecnológico puede llegar a hacer.** Yendo más lejos, también afirma que el ser humano, cualquier ser humano, por medio de la *'ciencia de la tecnología interior',* puede y debe comenzar a **hacer lo que la tecnología externa aún no puede hacer,** ni podrá hacer en mucho tiempo, ni nunca podrá hacer. El ser humano puede y debe adquirir el dominio de la tecnología del no sufrir, el dominio de sí mismo, el dominio sobre las fuerzas de la naturaleza, y el dominio de la tecnología del no morir.

IV.- Más allá de la ciencia actual.

Nada es nuevo bajo el sol. La puerta del recinto, donde siempre se guardó esta nueva y desconocida información, se ha venido abriendo, últimamente, poco a poco, en forma paulatina, asombrosa y sorprendente. Se han descubierto y revelado cuatro (4) bloques de fragmentos de esta poderosa información, que ya han comenzado a conocerse, en diferentes momentos muy recientes de esta época, en estos últimos años.

V.- Los cuatro fragmentos recientes de la información perdida. Según Om Phi, el sabio, mago y maestro, esta información viene de la Orden Alfa y Omega de Melchizedek. Luego la impartió el maestro Jesús, (perteneciente a dicha orden), hace 2000 años. Recientemente ha sido ampliada y explicada por Drúnvalo Melchizedek.

1.- Este nuevo conocimiento es antiquísimo. Esta última civilización o humanidad en que actualmente vivimos tiene **13.200** años. Antes de ello hubo otras civilizaciones. Las más recientes son Lemuria que colapsó al resurgir la Atlántida. La humanidad actual apareció después del colapso de la Atlántida.

2.- Hace **13.200** años, en la Atlántida, la Red planetaria que contiene toda esta información fue destruida, por un error científico, fruto de la ignorancia humana. En dicha fecha, la civilización más avanzada se fue a pique, colapsó y naufragó. Todo el conocimiento científico y espiritual disponible desapareció. Solo, hasta ahora, han venido apareciendo fragmentos de la información.

3.- La fuente original, (de donde viene toda esta información, expuesta por Mejor Om Phi, el sabio y maestro), es la antiquísima 'Orden Alfa y Omega de Melchizedek'. Fue formada por Maquiavenda Melchizedek, hace doscientos mil doscientos **(200.200)** años. De allí, se han desprendido 72 órdenes, asociadas con ella. La última y más joven es la orden número 72 de la Hermandad de los Siete Rayos. De los maestros Melchizedek, habla la Biblia en el Génesis, y son llamados sacerdotes del Altísimo. A esta orden pertenece el Maestro Jesús, quien comenzó a impartir esta nueva información, hace más de 2000 años.

4.- La información científica y espiritual, más reciente y *que contiene el conocimiento más avanzado, tanto antiguo como nuevo,* estuvo perdida, desde hace **13.200 años**, exactamente, cuando desapareció con el colapso y hundimiento de la Atlántida. Solo, hasta ahora, como ya se dijo, se han venido recobrando pequeñas partes o fragmentos de fragmentos de este 'nuevo, mayor y mejor conocimiento'.

En la época actual, se pueden distinguir claramente cuatro bloques de fragmentos, recientemente aparecidos:

a) Un primer bloque o pequeño fragmento de la información comenzó a hacerse público, en un reducido grupo de personas, en **1980,** por cuatro (4) mujeres científicas. Pero dicha información fue rechazada por la ciencia de la época, pues superaba los conocimientos conocidos hasta ese momento.

b) Un segundo bloque o pequeño fragmento de la información comenzó a darse, a un escaso número de personas, en la primavera de **1985,** por Drúnvalo Melchizedek, a través de las matemáticas geométricas. La ciencia actual aún continúa sin percatarse de la existencia de dicha información, tal como ha ocurrido, en muchos otros casos, con grandes descubrimientos y conocimientos científicos, como ocurrió con la 'energía Birkeland', ya descubierta, y que fue redescubierta, mucho tiempo después, por el científico Nicolás Tesla; y abundan muchos otros ejemplos. En **1985**, apareció la información de la ciencia del Merkaba mental, dual o polarizado.

c) El tercer bloque o pequeño fragmento de la información comenzó a conocerse, desde un poco antes del 21/12/**2012**. Nadie o casi nadie la conoce. Es la época del Merkaba natural, no dual, de origen cardíaco (en el espacio sagrado y secreto del corazón).

d) El cuarto bloque o pequeño fragmento versa sobre información totalmente oculta y secreta. Sin embargo, 'Mejor', el mago y maestro de esta información, ya la ha dado a conocer solamente a quienes han pedido conocerla y se han preparado para recibirla. Comenzó a conocerse en el año **2016**. Contiene la información científica, actualmente más avanzada, de todo el sistema solar y de toda la galaxia.

VI.- Las tres vías de escape y la única real.

Todos los seres humanos de este planeta quieren escapar del sufrimiento, de la enfermedad, de la pobreza, del fracaso, del envejecimiento y de la muerte.

1.- Hay tres vías de escape:

a) La vía de escape del planeta, mediante la muerte, natural o no, del ser humano, que ocurre con la muerte del cuerpo y con la pérdida de la conciencia. Es la muerte inconsciente.

b) La vía de escape del planeta, mediante el viaje a otros planetas o galaxias, donde haya menos sufrimiento y una juventud más larga, o la detención o retroceso del envejecimiento. Sin embargo, aunque vivan miles de años, tarde o temprano morirán. También es muerte inconsciente.

c) La vía de escape de este universo, sin pérdida de la conciencia, hacia dimensiones superiores inter o extradimensionales, donde no ya existe el sufrimiento ni la muerte. Es la muerte consciente. Esta información científica es real y ya aparece en el cuarto fragmento descubierto en el año **2016**. Se basa en campos energéticos reales y medibles, generados por el amor humano incondicional.

2.- Hay diferentes opciones, sin perder la conciencia.

Existe la muerte física, con pérdida de la conciencia, en quienes aún no han cumplido su misión espiritual, aquí en este universo, para efectos de deshacer la cristalización de su forma de pensar, y para abrirla o habilitarla, para los dos procesos opcionales posteriores, ya sea la resurrección consciente, o ya sea la ascensión consciente sin morir. Hay dos opciones básicas fundamentales: *la resurrección previa a la ascensión, o la ascensión directa sin morir.* En ambos casos, se logra la inmortalidad.

3.- Hay cuatro situaciones:

a) La **resurrección** consciente, antes de realizar la ascensión sin morir. No es reencarnación, porque ésta se realiza en forma inconsciente, con pérdida total de la conciencia.

b) La **ascensión** directa, consciente, sin morir y sin previa resurrección.

c) La nueva materialización o aparición consciente de un cuerpo físico, en forma provisional y temporal, para quien ya había hecho previamente la ascensión. Es la encarnación consciente (no reencarnación inconsciente) de seres espiritualmente ascendidos.

d) La nueva desmaterialización o desaparición consciente del cuerpo físico, para quien ya había hecho la ascensión y ya había hecho una nueva materialización provisional y temporal de un cuerpo físico.

Quien sabe resucitar también sabe hacer la ascensión, y quien sabe hacer la ascensión directa también sabe hacer la resurrección, porque, en ambos casos, es requisito previo conservar la consciencia y la memoria, las cuales se pierden con la muerte natural, donde además de perder el cuerpo físico, también se pierde la consciencia. En la resurrección, se recobra el cuerpo perdido, pero no la conciencia, porque ésta nunca se había perdido.

VII.- Las falsas vías de escape.

Suele suceder, también, que haya falsas y equivocadas vías de escape. Todos preguntan cuál es la vía de escape de la enfermedad, de la pobreza, del fracaso, del envejecimiento y de la muerte. Algunos preguntan cuál es la vía de escape del sufrimiento, porque de ella dependen, en una u otra forma, todas las anteriores formas de escape, pues estas vías también, a la postre, producen sufrimiento, incluida la muerte. Todos los seres humanos sufren, ya sea por la enfermedad, por la pobreza, por el fracaso o por la muerte. La característica principal de la búsqueda de las falsas vías de escape, consiste en que, al final del camino, todas ellas terminan, de nuevo, en un buscador desorientado y perdido, aquejado por la enfermedad, la vejez, el sufrimiento y la muerte, después de haber logrado breves y pasajeros alivios temporales que lo vuelven a su estado inicial de sufrimiento.

VIII.- La triple ascensión.

1.- Existe la **ascensión intradimensional**, dentro de la tercera dimensión, que es esta tierra y este universo físico. Hay doce dimensiones y dentro de cada dimensión hay 12 subniveles, también llamados 'niveles de desarrollo de la conciencia humana'. La gran mayoría de la humanidad actual de este planeta tierra se encuentra en la tercera dimensión y en el tercer subnivel de desarrollo de conciencia. Esta ascensión intradimensional también es llamada el proceso de iluminación espiritual o de liberación o de santificación dentro de esta tercera dimensión. Hasta aquí, hay maestros espiritualmente iluminados, pero no hay, todavía, maestros espiritualmente ascendidos.

2.- Existe la **ascensión interdimensional**, en que el ser humano pasa de la tercera a la cuarta dimensión. Ésta es propiamente la auténtica ascensión, que es un paso posterior a la iluminación espiritual o santificación de un ser humano vivo, en este mundo. Aquí, en la cuarta dimensión, comienza un nuevo proceso de 12 subniveles. Sumadas las doce dimensiones, da un total de 144 subniveles dimensionales. El paso o tránsito, entre las dimensiones tercera y cuarta, es nuestra primera ascensión dimensional, como seres humanos. Es nuestro próximo paso interdimensional que es inminente. Para el ser humano, es el más importante de todos, pues nos saca, en forma total y definitiva, de todo sufrimiento y de la muerte. Esta es la actual tarea y la empresa más importante para todo ser humano, aquí, en la tierra. No hay absolutamente nada que sea más importante. **3.-** Existe la **ascensión extradimensional**, más allá de la cárcel de las 12 dimensiones del universo, o de los 144 subniveles o estados de desarrollo de conciencia. En la ascensión extradimensional, despertaremos, en forma total y definitiva, en el reino de la única y verdadera realidad del ser infinito.

IX.- La Tercera Red electromagnética de la sabiduría humana. Es, también, llamada la red de conciencia crística o red de conciencia de unidad, o tercera red o malla de conciencia científica y crística de conciencia planetaria, o nueva nube informática planetaria.

En términos informáticos, toda esta información ya fue subida a la 'nube', a través de un sistema electromagnético dodecaédrico y icosaédrico. Toda la información actualmente ya existe en el planeta y viene de la tercera Red. Es la Gran Tercera Red Planetaria, que fue reconstruida, por muy avanzados ingenieros planetarios, aún vivos, venidos de la Atlántida, y fue recientemente activada, para todos los seres humanos, el 8 de febrero del año 2008. Se encuentra a 96 kilómetros de altura, desde la superficie del planeta tierra. Allí, ya todo está dicho, ya todo está escrito, ya todo está inventado, ya todo está descubierto y ya todo está solucionado. Las grandes potencias mundiales de este mundo, ya conocen la existencia de esta Red y han querido destruirla, pero está blindada y es indestructible. Usted solo necesita una 'tecnología interior' para bajar la información desde la 'nueva nube informática', llamada la 'Tercera Red científica y espiritual de conciencia planetaria'. Allí, el nuevo y futuro conocimiento, cualquiera que sea o pueda ser, ya está disponible, para cualquier persona que quiera aprender cómo acceder a ella, para hacerla suya, sin ser suya.

X.- La única real vía de escape.

Es fácil, accesible y asequible, para todo ser humano. Algunos logran hacerlo ahora, y otros, un poco después. Tarde o temprano todos llegaremos, de regreso, a la casa celestial. Nadie, absolutamente nadie, será abandonado y nadie será dejado atrás. La ayuda para hacerlo ya está disponible. Para ello, se requiere el manejo relativamente atento, perseverante y adecuado, de las siguientes herramientas de alta magia, para deshacer la magia:

1.- Aprender el amor incondicional, que puede llegar inclusive hasta las virtudes humanas espirituales más heroicas. **2.**- Aprender a no sufrir, en un grado emocional, relativamente sano.

3.- Aprender a ser amorosamente imperturbable.

4.- Aprender a entrar y a permanecer en el espacio sagrado y secreto, no dual y ni local, del corazón.

5.- Aprender a tener y mantener una conciencia lúcida, sin pensamientos ni emociones negativos discordantes.

6.- Aprender cómo realizar la resurrección y la ascensión, mediante la activación de un merkaba natural, no dual.

7.- Aprender a estar vivo y consciente, con pérdida o sin pérdida del cuerpo humano vivo.

8.- Aprender la ciencia del merkaba natural, para resucitar o para ascender, lo cual se hace por medio de la energía real, generada por el amor incondicional.

9.- Aprender el último giro de 90 grados, desde el espacio pequeño, sagrado y secreto del corazón humano.

34.- EL APRENDIZ DE ALTA MAGIA

I.- Imagina que tienes frente a ti, al gran maestro de sabiduría. El maestro está dispuesto a contestarle cualquier pregunta que tú quieras hacerle.

Un día, el gran maestro preguntó a sus discípulos: En vuestra opinión, ¿Cuál es la pregunta más urgente y más importante que puede formular un ser humano?

II.- Ante la pregunta, el maestro escuchó muchas preguntas, así:

1.- ¿Cuál es el conocimiento superior? **2.-** ¿Por qué vivimos aquí? **3.-** ¿Por qué la maldad?.**4.-** ¿Qué sentido tiene el sufrimiento?.**5.-** ¿Cómo lograr la paz interior?.**6.-** ¿Para qué la muerte?.**7.-** ¿De dónde venimos?.**8.-** ¿Cómo hacer menos para lograr más?.**9.-** ¿Cuál es el proceso de la ascensión?.**10.-** ¿Para qué la vida que vivimos?.**11.-**¿Cómo acceder al amor? **12.-**¿Existe Dios?.**13.-**¿Cómo puedo ayudar al mundo?.**14.-** ¿Quién me puede enseñar?.**15.-**¿Por qué hay ricos y pobres? **16.-**¿Por qué la ignorancia?,**17.-**¿Quién puede ayudarme? **18.-** ¿Qué es la verdad?.**19.-**¿Qué es la iluminación espiritual? **20.-** ¿Cuál es el camino de la verdadera salud?.**21.-**¿Cómo vivir en el mundo, sin ser del mundo?.**22.-**¿Cómo ser discípulo de un maestro de sabiduría?.**23.-**¿Cómo cambiar de realidad, sin cambiar la realidad?.**24.-**¿Por qué es verdad que todos mis problemas tienen solución? **25.-** ¿Cómo escapar a la dualidad de los conceptos de lo bueno y lo malo?

26.-¿Cómo conseguir la realización del alta magia de los maestros de sabiduría?.**27.-**¿Existe, aquí, en este planeta

tierra, otra forma superior de vivir que no sea ésta?.**28.**-¿Qué
sentido tiene vivir?.**29.**-¿Por qué la injusticia?.**30.**-¿Por qué
la enfermedad?.**31.**-¿Por qué el odio y el conflicto?.**32.**-¿Qué
hay detrás de mis deseos?.**33.**-¿Para qué la vida?.**34.**- ¿Nos
dirigimos a alguna parte?.**35.**-¿Cómo llegar a ser
inmortal?.**36.**-¿Cómo volver a Casa?.**37.**-¿Es posible ser
feliz?.**38.**-¿Qué es el amor?.**39.**-¿Quién y qué es Dios?.**40.**-
¿Cómo puedo dejar de sufrir?.**41.**-¿A dónde puedo
acudir?.**42.**-¿Por qué la envidia?.**43.**-¿Por qué soy así?.44.-
¿Qué es la realidad?.45.-¿Existe la magia?.**46.**-¿Cómo puedo
buscar la unión con Dios?.**47.**-¿Para qué sirve el
conocimiento intelectual?.**48.**-¿Cómo armonizarse con la
armonía universal?.**49.**-¿Cuáles son las leyes de la vida?.**50.**-
¿Todas estas preguntas tienen realmente una respuesta?
Y, así, se le formularon cientos de preguntas más, sobre los
más variados temas, unos superficiales y otros profundos.

III.- Ejercicio.
Aprovecha tú, también, esta oportunidad, esta ocasión
única, en que el Maestro está, frente a ti, dispuesto a
contestar con amabilidad, cualquier pregunta, que tú quieras
hacerle, por absurda que sea. Formula tú también, ante el
Maestro, tres (3) o más preguntas claves, distintas de las
anteriores, cuyas respuestas serían o podrían ser, para ti, la
respuesta a grandes y trascendentales incógnitas de la vida o
de tu vida personal. Procede a hacer las preguntas, ya
mismo, antes de continuar. Si puedes ponerlas por escrito es
mucho mejor. Puedes hacerlo en un papel aparte, si así lo
prefieres.

IV.- Detente. No sigas leyendo. Antes de continuar, realmente permítete hacer el ejercicio anterior. Asegúrate de haber formulado, al menos, las tres (3) preguntas anteriores.

V.- Ejercicio.

Después, procede a hacer el siguiente ejercicio. Como ya has podido ver, las preguntas formuladas no tienen un orden especial, por la sencilla razón de que le fueron formuladas, al maestro, en un variado desorden. Vuelve atrás y vuelve a leer, ahora mismo, todas las diferentes preguntas formuladas. Ahora, procede a ordenarlas o clasificarlas tú mismo, por orden de prioridad. ¿Cómo las ordenarías? ¿En qué orden te gustaría que fueran contestadas?

¿Cuáles podrían ser, para ti, las preguntas más urgentes y más importantes ?. Procede a hacer una selección ordenada. Por favor, antes de continuar procede a hacerlo ya mismo. Ordénalas, con una nueva numeración, a tu gusto, según tus preferencias, en el orden jerárquico que bien desees. Procede a hacerlo. 'Om Phi', hoy y ahora mismo, yo estoy procediendo, de inmediato, ahora mismo.

VI.- Unas preguntas eran prácticas y otras teóricas. Unas preguntas eran filosóficas, otras teológicas, otras científicas, pero ninguna de las muchas preguntas fue calificada por el maestro, como la *primera y única,* realmente más urgente y más importante.

101

35.- LA GRAN PREGUNTA DEL MAESTRO
I.- La única pregunta del maestro

Después de haber sido presentadas las anteriores preguntas, el maestro de sabiduría dijo: "No es posible contestar a ninguna de todas las preguntas anteriormente formuladas, mientras no hayáis encontrado y formulado la *primera y única* pregunta realmente *más urgente y más importante*.

"Hasta ahora, no habéis formulado la primera y única pregunta realmente más urgente y más importante de todas. Toda pregunta revela la sabiduría y el estado de conciencia de quien hace la pregunta.

Vuestro estado de conciencia no os ha permitido formular dicha pregunta. Ninguna de las preguntas formuladas vale la pena.

Aún más, dichas preguntas no tienen sentido ni significado alguno.

"El maestro, en tono pausado y lleno de sabiduría, dijo: "La primera y única pregunta, realmente más urgente y más importante, solamente tiene tres palabras: ¿Qué soy yo?. Debes averiguar ¿qué eres?

II.- Y añadió el Maestro: "Tampoco es suficiente con que esta Gran Pregunta, (si ya habías tenido el acierto de haberla formulado), ya se encuentre entre las pocas o muchas que fueron elegidas por ti. Es necesario que la pregunta reúna cinco (5) requisitos: a) que haya sido la primera, b) que haya sido la única, c) que haya sido la más urgente, d) que haya sido la más importante e) y que haya sido la mejor.

"Mientras dicha Gran Pregunta no haya sido plenamente contestada, estarás totalmente perdido y desorientado, en esta vida y en todo el universo. Si dicha gran pregunta no ha sido propuesta ni contestada, cualquier otra pregunta carece de respuesta, y cualquier otra pregunta carece de fundamento, y cualquier otra pregunta será imposible de contestar".

III.- La respuesta del maestro.

El maestro se dispuso a responder.

1.- El discípulo, entonces, preguntó al Maestro: ¿Y cómo puedo saber 'qué soy yo'?

"Para aprender a saber qué eres, primero, debes ir al único lugar sagrado y secreto, donde se encuentra la verdad y la sabiduría". Es el lugar sagrado y secreto donde está el conocimiento de las leyes que rigen la sabiduría, y el lugar donde está la única verdadera realidad.

2.- Maestro: ¿Y cómo puedo ir a ese lugar?

"Para ello, es necesario que, primero, aprendas a entrar dentro de ti".

3.- Maestro: ¿Y cómo puedo aprender a entrar dentro de mí? "Aprendiendo a comprenderte".

4.- Maestro: ¿Y cómo puedo aprender a comprenderme? "Aprendiendo a salirte de tu mente, y aprendiendo a entrar en tu corazón".

5.- Maestro: ¿Y cómo puedo salirme de mi mente? "Dejando todas tus creencias".

6.- Maestro: ¿Y cómo puedo dejar todas mis creencias? "Abandonando las palabras del lenguaje de tu mente"

7.- Maestro: ¿Y cómo puedo dejar el lenguaje de mi mente? "Aprendiendo el lenguaje que no tiene palabras, en un lugar que solo está en el corazón".

8.- Maestro: ¿Y cómo puedo aprender el lenguaje que no tiene palabras? "Abandonando el lenguaje mental de las leyes que sostienen tus creencias"

9.- Maestro: ¿Y cómo puedo hablar un lenguaje, sin creencias? "Renunciando a todo lo que crees saber".

10.- Maestro: ¿Y cómo puedo aprender a renunciar a lo que sé? "Aceptando que no sabes nada, y que tus conocimientos son prestados, y que tus conocimientos no son propios ni son tuyos".

11.- Maestro: ¿Y cómo puedo aprender eso?: "Aprendiendo a salirte del mundo".

12.- Maestro: ¿Y cómo puedo salirme del mundo?: "Apartándote de él".

13.- Maestro: ¿Y cómo puedo apartarme de él?: "Aceptando que el mundo del universo es una falsa apariencia de 'lo que no es', una falsa apariencia sin realidad".

14.- Maestro: ¿Y cómo puedo hacerlo?: "Aceptando que este universo no es real, ni hace parte de la verdadera realidad, y carece de toda realidad".

15.- Maestro: ¿Y cómo puedo aceptarlo?: "Aceptando que solo existe una sola y única realidad, y que no existe la dualidad del universo, y que este universo es vacío, está vacío, y solo es apariencia".

16.- Maestro: Si este universo no es lo que es, entonces, ¿"qué es lo que es" ?: Lo que es, es lo que es. "Eso" que es, es la única y verdadera realidad que existe.

Dicho esto, Mejor Om Phi, el gran sabio, mago y maestro, no respondió ninguna otra pregunta, e hizo un largo y gran silencio.

36.- LA URGENCIA Y LA IMPORTANCIA DE LA RESPUESTA A LA GRAN PREGUNTA

I.- ¿Quién tiene la respuesta?

Después, el gran maestro interrumpió su largo y gran silencio, y dijo, para sí mismo:

¿Entonces, quién es el que puede y debe contestar?. ¿"Y que es 'Eso' que es"?, volvió a requerir el gran maestro.

Una vez dicho lo anterior, el Maestro, hablando con solemnidad, dijo:

1.- **"No aprendas más,** porque, con lo que ya sabes, **ya tienes el material y el conocimiento suficientes, para sufrir lo suficiente**, hasta que decidas aprender a dejar de sufrir, para vivir mejor.

2.- "Ya llegó el momento de comenzar a **desaprender todo lo aprendido,** para dar campo y espacio a *la sabiduría que elimina el sufrimiento,* sabiduría que no es de este mundo o, mejor aún, sabiduría que no es del mundo que siempre has conocido.

3.- Solo cuando ya sepas qué eres, solo después todas las preguntas podrán ser contestadas, *no por mí, sino por ti mismo.* Además, si las respuestas fueran contestadas por mí, y no por ti, nunca aprenderías.

4.- Yo, como maestro, solamente te señalaré 'la puerta de entrada, en el camino de regreso a Casa'. Hay un camino fácil y recto, práctico y efectivo, en medio de la selva y del desierto y del caos de este mundo. **La puerta hacia el camino estuvo totalmente cerrada,** desde hace más de 13.200 años, para protegerla de los intrusos robadores de tesoros. *Es un camino secreto, escondido y olvidado,* que ha sido transitado, muchas veces, por los más grandes maestros, desde el principio de los tiempos. *La puerta hacia el camino se volvió a comenzar a abrir, desde fines de febrero del año* **2008**, *cuando se activó la tercera red de conciencia de realidad o conciencia de unidad o de conciencia cristica; y comenzó a abrirse mucho más, desde el 21 de diciembre de año* **2012**, cuando hubo una alineación cósmica del eje de la tierra, con el centro de la galaxia, que sucede cada 26.000 años. Este camino te irá mostrando, poco a poco y en forma paulatina y ascendente, lo que eres y qué realmente eres.

5.- "Además, si yo te diera todas las respuestas a todas tus preguntas, sin que, previamente, por ti mismo, hayas averiguado qué eres realmente, no entenderías mis respuestas y, además, rechazarías mis enseñanzas".

II.- La importancia de la respuesta.

Maestro, preguntó el discípulo: *¿Y por qué es tan importante la respuesta a la Gran Pregunta ?.* "Por muchas razones y, entre otras, las siguientes:

1.- Es importante, porque el sufrimiento enferma y mata.

2.- Es importante, porque las personas que no han aprendido a manejar y a eliminar el sufrimiento, tienen más enfermedades, envejecen con más rapidez, y mueren más temprano.

3.- Es importante, porque la respuesta a la Gran Pregunta elimina el sufrimiento.

4.- Es importante, porque lo que está en juego es tu propia vida.

5.- Es importante, porque viniste a este mundo a aprender a no sufrir.

6.- Es importante, porque es falso que todos los que nacen en este planeta tendrán que morir y vinieron a morir

7.- Es importante, porque es falso que existe la ley de la inevitabilidad de la muerte.

8.- Es importante, porque responder a la Gran Pregunta es el sentido de la resurrección y la ascensión del ser humano.

9.- Es importante, porque tu misión es dar respuesta a la gran pregunta: 'Quien soy yo'.

10.- Es importante, porque es el momento de aprovechar la última oportunidad que tienes de: **a)** de *salvarte,* tú a ti mismo, de la extinción de la vida en el planeta, que está por suceder, **b)** de *salvarte*, tú a ti mismo, de las llamas del gran incendio, que está cerca, **c)** de *salvarte*, tú a ti mismo, del gran naufragio que se avecina, **d)** de *salvarte* tú, a ti mismo de la gran tribulación, que es inminente.

11.- Es importante, porque es el momento de preparación para *salvarte de tu propia desaparición,* en el abismo del vacío de la nada, antes de haber salido y escapado, vivo y consciente, de este mundo de sufrimiento, que es este planeta de tercera dimensión.

12.- Es importante, porque el sufrimiento es traicionero y nos ataca, para matarnos, cuando menos lo pensamos.

13.- Es importante, porque es falso que primero hay que gozar físicamente la vida, antes de morirse.

14.- Es importante, porque es falso que primero hay que gozar la vida, para después morirse.

15.- Es importante, porque el gozo aparente que nos lleva a la muerte no es el verdadero gozo que nos lleva a la felicidad y a la vida, sino la apariencia de un falso gozo que nos lleva al sufrimiento y a la muerte.

16.- Es importante, porque el verdadero gozo en esta vida es la ausencia de sufrimiento, y el falso gozo siempre nos lleva a profundizar el sufrimiento hasta morir.

17.- Es importante, porque el aprender a no sufrir es lo que se llama la iluminación, la liberación, la salvación.

III.- La urgencia de la respuesta.

Maestro, *¿ y por qué es tan urgente la respuesta a la gran pregunta ?.* "Por muchas razones" y, entre otras, las siguientes:

1.- Es urgente, porque el tiempo que nos queda es realmente corto.

2.- Es urgente, porque lo que va a suceder es inminente.

3.- Es urgente, porque algo desconocido que afectará la vida humana en el planeta ya está sucediendo. Son las señales de los últimos tiempos.

4.- Es urgente, porque todas las profecías de los libros sagrados anuncian que algo grandioso, muy grandioso, está por suceder y realmente va a suceder.

5.- Es urgente, porque es necesario salir, lo más pronto posible, de este lugar de sufrimiento y muerte, que es un 'moridero o matadero', donde todos los seres humanos, en vez de aprender a escapar, vienen a sufrir y a morir.

6.- Es urgente, porque el sufrimiento, con sus poderes mágicos, nos acecha para matarnos, antes de que podamos aprender cómo desaparecer la magia de este universo.

IV.- ¿ Cuál es la segunda respuesta ?

Maestro: *¿ y cuál es el segundo asunto realmente más urgente y más importante, en este momento de mi vida ?*

"El único asunto más urgente y más importante, en el planeta tierra, para ti, en estos momentos, aquí y ahora, es estar vivo y consciente, para *prepararte*, muy seriamente, estando vivo y sin morir, para el proceso consciente de 'ascensión a una realidad superior', que no pertenece a este mundo de la tercera dimensión".

Maestro: *¿y qué es 'lo mejor' que puedo hacer ahora?:* Comenzar, ya mismo, *a buscar 'lo mejor', haciendo 'lo mejor'.* Mejor es lo mejor. Y 'lo mejor', ahora, es comenzar a hacer lo siguiente:

a) Comienza a actuar ya mismo, para salir de aquí.

b) Comienza por 'lo mejor', por 'lo mejor de lo mejor'.

c) Comienza a hacer cualquier cosa que quieras, haciendo 'lo mejor' que puedas. A veces, lo mejor es enemigo de lo bueno. Cuando hacer lo mejor, te impide hacer lo bueno, lo mejor es comenzar a hacer lo que es bueno, para después hacer lo que es mejor. *Lo bueno es el comienzo de lo mejor.*

d) Comienza a hacer cualquier cosa que quieras, haciéndolo *'de la mejor manera'* que puedas.

Maestro: *¿Y qué es lo mejor que puedo hacer ahora, para salir del sufrimiento?:* Comienza a eliminar las bases de todo sufrimiento.

109

37.- LA PREVIA CURACIÓN EMOCIONAL
SENTIMENTAL ES NECESARIA

Dice 'Om Phi Mejor', el gran mago y maestro, en palabras de Drúnvalo Melchizedek, lo siguiente: **1.**- "En las escuelas antiguas, como en Egipto, el aspecto del *amor o cerebro derecho* de la Escuela de Misterios (el *Ojo Izquierdo* de Horus), siempre se impartía primero. **2.**- El estudiante comenzaba a trabajar allí, en su curación emocional-sentimental, y, después de que se había llevado a cabo la curación previa de las emociones y sentimientos, entonces se enseñaba el aspecto de cerebro izquierdo (El Ojo Derecho de Horus), es decir, la información de tipo Intelectual. **3.**- Aquí, en los países de cerebro izquierdo, se ha introducido los estudios de cerebro izquierdo, primero, sin la curación previa y necesaria de las emociones y de los sentimientos, porque estos países han venido teniendo problemas para comprender el sendero femenino, no lógico o intuitivo, o 'el sendero del amor incondicional'. En muchos casos, simplemente han rechazado este sencillo sendero. **4.**- Por lo tanto, ha sido necesario introducir, primero, la forma masculina, lógica, geométrica y matemática, solo para obtener su atención. **5.**- Pero ahora que ya tenemos la atención de algunas personas que están comenzando este camino, es necesario decirles que deben comenzar a estudiar la forma femenina o 'el sendero del amor incondicional', ahora o, cuando menos, en algún punto de este camino.

6.- *"La curación emocional-sentimental es esencial"*, si realmente deseas encontrar la iluminación, la liberación, la salvación, el despertar, en este mundo. **7.**- *No hay otra salida.* Una vez que comienzas a descubrir los mundos superiores, tú mismo *vas a detener tu propio crecimiento en cierto punto*, hasta que hayas llevado a cabo esta curación previa y necesaria de las emociones y de los sentimientos. **8.-** *Lo sentimos, pero así es.* No puedes hacer este camino o meditación, ni ningún otro tipo de camino o meditación, hasta un grado real de éxito, si tu cuerpo emocional-sentimental está desequilibrado. La sugerencia es que confíes en ti mismo y te abras a la posibilidad de que llegue alguien a tu vida, que pueda ayudarte, con tus desequilibrios emocionales-sentimentales *(incluso aunque no estés consciente de ellos). Más del 95% de la humanidad actual no es consciente o está inconsciente de sus desequilibrios emocionales-sentimentales.* **9.-** Casi siempre, se requiere de ayuda externa, como la que se brinda en este escrito. Generalmente, no podemos ver nuestros propios problemas y, por lo tanto, esta es un área de la experiencia humana, en donde la ayuda externa es prácticamente el único camino. Pide ayuda y déjate ayudar. **10.-** Solamente, cuando una persona está, en un equilibrio emocional-sentimental, relativamente sano, puede funcionar, con éxito, a través de herramientas de la tecnología interior de la alta magia de los grandes sabios, magos y maestros, tales como son el generador de energía vital, las estrellas tetraédricas, el espacio sagrado, los activadores de iluminación, la merkabanáutica de luz, los comunicadores interdimencionales, el último giro de 90 grados y las demás herramientas de la alta magia.

38.- LOS PODERES DE LA ACCIÓN, DEL TIEMPO Y DEL PROVECHO

1.- Invocación Om-Phi del nunca es tarde. Om phi. - Para mí, nunca es tarde para comenzar. Nunca es tarde para cambiar. Y nunca es demasiado tarde para ser feliz, y para hacerme, a mí mismo, feliz, sin depender de nada ni de nadie.

2- Invocación Om-Phi del provecho.

a) Om Phi, hoy mismo y ahora mismo, yo estoy *aprovechando* todo, para mi propia superación espiritual.

b) Om phi, hoy mismo y ahora mismo, yo estoy sacando el máximo *provecho*, espiritual y positivo, de todas las circunstancias.

3.- Invocación Om-Phi de la disculpa (para aprender a disculpar y perdonar los errores de la ignorancia)

a) Om Phi, para mí, toda persona, según su estado de conciencia, y según su estado de sabiduría o ignorancia, *siempre hace lo mejor* que puede hacer y sabe hacer.

b) Om Phi, para mí, toda persona que se equivoca (que se ofende o que me ofende) siempre lo hace por ignorancia, pues *no sabe hacer algo mejor.*

c) Om Phi, para mí, toda persona que se equivoca, siempre hace lo que hace, buscando hacer lo mejor que sabe hacer.

d) Om Phi, yo disculpo, comprendo y perdono la ignorancia de los ignorantes.

e) Om Phi, yo me perdono, por no saber hacer algo nuevo y mejor, distinto y diferente, ante las situaciones de ignorancia que me contrarían y perturban.

4.- Invocación Om-Phi contra la irritabilidad

a) Om Phi, yo soy inofendible, y yo soy amorosamente imperturbable.

112

b) Om Phi, yo reconozco que toda persona que pretende ofenderme o contrariarme, en su ignorancia, no sabe hacer ni pensar algo mejor, y, por eso, no la juzgo, la comprendo y la perdono.

c) Om Phi, yo reconozco que, cuando me siento ofendido o contrariado, es porque, en mi ignorancia, aún no he aprendido a ser inofendible y amorosamente imperturbable.

5.- Invocación Om-Phi de la perseverancia, (para lograr metas u objetivos)

Om Phi. - Hoy mismo y ahora mismo, yo estoy insistiendo y persistiendo, relajadamente, hasta alcanzar el éxito.

6.- Invocación Om-Phi del tiempo (para tener más tiempo y para hacer rendir el tiempo)

Om phi. - Todo tiene su tiempo, y a mí me alcanza el tiempo para todo.

7.- Invocación Om-Phi de la acción inmediata o de anti-postergación.

a) Om Phi. El presente es actuar hoy, aquí y ahora; hoy mismo, aquí mismo y ahora mismo.

b) Om Phi, hoy mismo y ahora mismo, yo estoy procediendo, de inmediato, ahora mismo.

c) Om Phi, desde ahora, yo estoy dispuesto(a) a no dejar para mañana, lo que puedo hacer hoy.

d) Om Phi, yo, cada vez, soy más y más rápido, instantáneo, decidido, activo y proactivo, en mi trabajo.

e) Om Phi, yo estoy dispuesto a prepararme para salir de aquí, del sufrimiento y de la forma que actúo, lo más pronto posible.

8.- Invocación Om-Phi de la eficiencia. (para desarrollar mayor rendimiento físico o deportivo)

Om phi, yo estoy más descansado, relajado y lleno de energía, en lo que estoy haciendo ahora con amor, dando de mí todo lo mejor que puedo.

9.- Invocación de protección

(imagina una nube o neblina de luz protectora que te rodea).
a) Om Phi. - La neblina de la luz del Gran Poder, me rodea, me defiende y me protege.
b) La neblina de luz del amor del Gran Poder me envuelve, me defiende y me protege.
c) La neblina de luz de la presencia del Gran Poder me cuida, me defiende y me protege.
d) A donde quiera que yo voy, la neblina de luz del Gran Poder va conmigo, me defiende y me protege.
e) En donde quiera que yo estoy, la neblina de luz del Gran Poder está conmigo, me defiende y me protege.

10.- Invocación de invisibilidad.

Om phi. - Por la energía del Gran Poder y de mi energía positiva, yo me hago inmune e invisible a toda energía negativa, y a todo mal y peligro.

11.- Invocación Om Phi de inmortalidad.

Om phi, llévame de lo irreal a lo real. (Asato Ma, Sad Gamayá). Llévame de la oscuridad a la luz. (Tamaso Ma, Jiotir Gamayá. Y llévame de la muerte a la inmortalidad. (Mrityor Ma, Amritan Gamayá).

12.- Invocación de los 12 principios del amor.

Om Phi, yo comprendo, yo acepto, yo asumo, yo respeto, yo valoro, yo agradezco, yo me adapto, yo perdono, yo soy amorosamente imperturbable, yo actúo, yo asciendo y trasciendo.

13.- Invocación del auto-perdón.

Om Phi, yo me perdono, por no saber hacer algo nuevo y mejor, distinto y diferente, ante las situaciones de ignorancia que me contrarían o perturban.

39.- EL PODER DE LA FACILIDAD, EL CAMBIO Y LA SOLUCIÓN

I.- La parábola del poder de la felicidad. A un famoso y reconocido maestro, alguna vez le preguntaron: Maestro, ¿ es verdad que la tecnología de la magia, para hacer milagros y solucionar imposibles, es algo muy difícil ?. Respondió: Hacer milagros y solucionar imposibles es una magia muy difícil, su grado de dificultad es demasiado alto. Nadie o casi nadie puede hacerlo. **Es muy difícil**, demasiado difícil o imposible. Desilusionados los discípulos, entonces acudieron a la esposa del maestro, que también era una famosa y reconocida maestra. Le preguntaron: ¿Hacer milagros y solucionar imposibles es muy fácil? Respondió: **Es muy fácil**, demasiado fácil. No existen imposibles, sino personas incapaces. Todo es posible. *Todo lo que es pensable es posible.* Entonces los discípulos quedaron perplejos, ante dos respuestas tan contradictorias. El gran maestro dice: Es muy difícil. La gran maestra dice: Es muy fácil. ¿A quién le creemos o a quién podemos acudir? Los discípulos recordaron que el maestro y la maestra tenían una hija que también era una gran maestra. Le preguntaron: ¿hacer milagros y solucionar imposibles, *es muy difícil o es muy fácil,* como dicen tus padres, el maestro y la maestra? Ella respondió: *Depende.* Y añadió: Sí, ellos tienen la razón. 'Es muy difícil si tú lo haces difícil, y es muy fácil si tú lo haces fácil'. Tú ya tienes el poder de hacerlo fácil.

II.- La solución es un asunto de alta magia. Suele decirse que 'todo problema tiene solución', y que 'existe una

115

solución para cada problema'. Lo primero es verdadero y lo segundo es falso. Todos los seres humanos tienen sus propios problemas. Nadie podría resolver todos los problemas que el mundo parece tener. Nuevos problemas surgen, en forma inesperada, cuando tú creías haber resuelto todos los anteriores. Los ocultas y reprimes con el olvido, y emergen, de vez en cuando, para atormentarte. Los problemas son innumerables, y parecen nunca tener fin, y cada uno parece requerir una solución distinta. *Sufrir es tener problemas, sufrir es vivir teniendo problemas, y sufrir es también no poder solucionarlos todos.* Si reconoces *cuál es el problema de todos los problemas,* podrás aceptar la solución que los resuelve a todos. Tú no sabes cuál es la solución que los resuelve a todos, porque, si lo supieras, ya los hubieras resuelto todos. La verdad es que ya dispones de los medios para resolverlos todos, pero no lo sabes. Solo existe un solo problema, y solo existe una sola solución. *La única solución que los resuelve a todos, es un asunto de alta magia.* Acude, entonces, a 'Om Phi Mejor', el gran mago y maestro, que ya tiene y siempre tiene la respuesta. Al que sabe, todo se le facilita.

III.- *'Om Phi', el gran deshacedor de toda magia.* 'Om Phi Mejor', el gran sabio, te dice: Todo problema es falsa magia. La solución ya existe. *Solo te falta aprender cómo desaparecer la magia.* Tienes que aprender a desaparecer o deshacer el universo mágico del triple universo de la magia. Tú vives en un mundo de magia, creado por ti mismo. Tú crees, falsamente y en forma equivocada, que estás y vives separado de la única realidad que existe, donde no existe la magia ni los problemas de la magia. *Es el problema mágico de la falsa separación.* Aprende a deshacer la falsa creencia y la falsa experiencia de estar separado de la Fuente de toda realidad. Nunca nadie puede ni ha podido separarse de la Fuente, sin desaparecer, en el acto y al instante. Es perder la existencia.

116

Si tienes vida y aún vives, es porque nunca te has separado de la vida real de 'Om Phi', el único gran hacedor de la vida real y el único gran realizador de la única realidad que existe. En su presencia, toda magia y toda la magia desaparecen.

IV.- Invocaciones para disminuir el grado de dificultad y aumentar el nivel de facilidad.

1.- Om phi, para mí, todo es muy fácil.

2.- Om Phi, para mí, hacer cualquier cosa es muy fácil.

3.- Om Phi, para mí cambiar es muy fácil.

4.- Om phi, para mí, nada es imposible.

5.- Om Phi, para mí, no existen problemas ni crisis ni dificultades. **6.**- Om Phi, para mí, solo existen retos y oportunidades. **7.**- Om Phi, para mí, todo es posible. **8.**- Om Phi, sí se puede hacer y yo lo puedo hacer. Sí se puede hacer y yo soy capaz de hacerlo. **9.**- Om Phi, sí se puede hacer y yo lo puedo hacer. Sí se puede hacer y yo soy capaz de hacerlo. Ya lo estoy haciendo, ya lo hice, ya lo tengo hecho. **10.**- Om Phi. Yo puedo hacer cualquier cosa, con gusto y relajado y con amor, dando de mí todo lo mejor que puedo.

V.- Invocación del poder del cielo.

1.- Om Phi. – Yo estoy en Dios y Dios está en mí, y alrededor de mí. **2.**- Om Phi, el poder de Dios está dentro de mí, y todo lo puedo y todo lo puedo. **3.**- Om Phi, el cielo está aquí. No existe ningún otro lugar. El cielo es ahora. No existe ningún otro tiempo.

VI.- Reconocimiento de mi ignorancia.

1. Om Phi. *Yo reconozco y acepto* que la actual forma de vivir ha sido incapaz de darme toda la felicidad que yo he buscado.

2. Om Phi. *Yo reconozco y acepto* que mi actual forma de vivir no me ha dado toda la felicidad que yo deseo.

3. Om Phi. *Yo reconozco y acepto* que he vivido, como si no existiera un nuevo, mejor, distinto y superior modo de vivir, que está, aquí, en esta tierra, en esta vida, al alcance de mi mano.

4. Om Phi. *Yo reconozco y acepto* que no conozco ni me he propuesto buscar seriamente un nuevo, mejor, superior y diferente modo de vivir.

VII.- Aceptación de una nueva y mejor realidad.

1.- Om Phi, yo acepto que sí existe la felicidad, real y verdadera.

2.- Om Phi, yo acepto que sí existe un nuevo, distinto, mejor y superior modo de vivir la vida.

3.- Om Phi, yo acepto que sí existe, realmente existe, una nueva, distinta, mejor y superior forma de vida.

4- Om Phi, yo estoy dispuesto a cambiar, para vivir mejor.

5.- Om Phi, yo estoy dispuesto y decidido a cambiar mi vida y mi forma de vivir.

6.- Om Phi, y estoy dispuesto y decidido a abandonar toda resistencia al cambio.

7.- Om Phi, yo estoy dispuesto y decidido a arriesgarme a cambiar.

8- Om Phi, yo estoy dispuesto y decidido a renunciar a mi necesidad de ser así (como soy).

9.- Om Phi, yo estoy dispuesto y decidido a cambiar mi forma de ser.

10- Om Phi, yo estoy dispuesto y decidido a transformar mi mente y mi vida.

11.- Om Phi, yo tengo el *poder* de cambiar cualquier cosa, lo que sea. **12**- Om Phi, yo tengo el *poder* de cambiar mi vida.

13- Om Phi, yo tengo el *poder* de dominar los pensamientos de mi mente y las emociones de mi corazón.

14.- Om Phi, yo tengo el *poder* de ser mejor, porque 'lo mejor' ya está dentro de mí.

15.- Om Phi, yo tengo el poder de Dios, dentro de mí.

40.- PRINCIPIOS PRÁCTICOS DE SABIDURÍA, SOBRE EL SUFRIMIENTO.

1.- 'Si tú 'crees' que lo sabes todo, y que lo tienes todo, pero, sin embargo, 'no eres plenamente feliz', entonces, por mucho que creas tener o por mucho que creas saber, la verdad es que 'tú no sabes nada ni has aprendido nada'. Tú sufres en mayor o menor grado. Es una falsa sabiduría y es una falsa riqueza. **2.**- **'Si tú no eres feliz, ya estás enfermo. Y, si estás enfermo, es porque no has aprendido a ser feliz'.** La salud sin felicidad es una falsa salud. **3.**- Si tú esperas la sanación emocional-sentimental en la otra vida, es una falsa esperanza. Es falso que el sufrimiento podrá ser sanado, posteriormente, en el 'más allá', en la otra vida, en el cielo o en el otro mundo, si tú previamente no has aprendido a deshacerlo o desaparecerlo, en un grado suficiente, aquí en este mundo, antes de irte de este planeta tierra. **4.**- Cualquier situación de sufrimiento, por mala que sea, siempre, en este planeta tierra, tiende a empeorar, (entropía), salvo que tú hagas un cambio interior, en tu vida interior o espiritual, para deshacerlo o desaparecerlo, y mejorar tu situación. La ley de la antientropía (ectropía) es la ley del desarrollo espiritual o ley de la evolución hacia una conciencia superior. **5.**- No vinimos al planeta tierra a sufrir, sino a aprender a no sufrir. **6.**- Todo sufrimiento es aprendido, o aprendido en forma intergeneracional o transgeneracional. **7.**- Todo sufrimiento se basa en una creencia inconsciente. **8.**- Todo sufrimiento se basa en una falsa apariencia de lo que no es la realidad. **9.**- Todo sufrimiento se basa en una conciencia inconsciente de separación de la Fuente, y de una falsa apariencia sin realidad. **10.**- *Todo sufrimiento es curable.* Puede y debe curarse.

41.- LA ÚNICA FUENTE DEL SUFRIMIENTO INTERIOR, Y LOS ATRIBUTOS DE LA REALIDAD.

(Las fuentes y causas del sufrimiento)

La única fuente del sufrimiento interior son las falsas creencias sobre lo que es la realidad.

I- El origen de las creencias.

Nuestras creencias se originan en lo que creemos que nos ha sucedido, o en lo que otros nos dicen, es decir: [1] la ciencia, [2] la historia, [3] la religión, [4] la familia, [5] la cultura, [6] la sociedad, [7] la civilización en que vivimos, [8] nuestros antepasados o ancestros, [9] las caídas ancestrales en la evolución de la conciencia humana (ángeles caídos, Adán y Eva, el colapso de la Atlántida), [10] la falsa conciencia de separación de la Fuente, que nunca sucedió pero que seguimos pensando o soñando o imaginando que está y sigue sucediendo ahora. Es el falso sueño que nunca se realizó, pero que seguimos soñando que es real. [11] Las falsas creencias, sobre "lo que es la verdadera realidad".

II.- *La causa de todo sufrimiento es la emocionalidad.*

a) En la base de todo sufrimiento y de todas las formas de sufrimiento, están los sentimientos o emociones.

Es esencial la curación de los sentimientos y emociones. Repetimos: *Es esencial la curación de los sentimientos y emociones, si realmente queremos el 'despertar espiritual', y si realmente deseamos encontrar la 'iluminación espiritual', es decir, si queremos el despertar, la 'salvación, o la liberación del sufrimiento'.*

b) Lo contrario del sufrimiento interior no es la felicidad, sino la paz interior. La felicidad es consecuencia del amor incondicional, y el amor incondicional es consecuencia de la

120

paz interior, y la paz interior es consecuencia de la imperturbabilidad interior.

c) Todo sufrimiento interior es esencialmente indicativo de perturbaciones, disfunciones, desórdenes, trastornos o desequilibrios emocionales y sentimentales.

III.- *Y, en la causa más lejana y más profunda de la emocionalidad, está, a su vez, un cúmulo de creencias culturales.*

El origen de todas las formas de sufrimiento interior y de todas las formas de emocionalidad reactiva es la creencia. Se trata de una forma de pensar incorrecta, o de una creencia religiosa inadecuada, o de unas creencias espirituales falsas, erróneas o equivocadas.

Si tú sientes sufrimiento, es porque en tus creencias, por más amorosas, espirituales o religiosas que ellas sean o pretendan ser, hay una falsa o equivocada información que puede tener su origen, precisa y justamente, en tus propias ideas supuestamente religiosas, o en tus propios pensamientos supuestamente espirituales, o en tus falsos sentimientos y emociones sobre lo que es el amor, la ley del amor y las leyes del amor, y, en últimas, sobre lo que es la verdadera realidad.

Es necesario que hagas una revisión profunda de tu forma de pensar, por más religiosas y espirituales y amorosas que aparentemente sean tus creencias, pues detrás de tus estructuras mentales o de tus paradigmas de pensamiento, lo que hay es un *error profundo,* sobre la concepción de la vida, o sobre la forma como percibes la realidad, o sobre la idea que tienes del diseño pedagógico del plan divino para el ser humano.

IV.- Las falsas creencias.

En sentido muy amplio, creencia es cualquier juicio de opinión o de probabilidad, como creer que lloverá.

En sentido menos amplio, la creencia se opone a la ciencia. Es la adhesión de la mente a un enunciado que no es evidente por sí mismo, pero que aceptamos, por razón de la supuesta o real autoridad de otras personas científicas o no que lo dicen o lo afirman.

En sentido estricto, es la certeza, es decir, la aceptación o adhesión o convicción o asentimiento, firme y sin temor de equivocarse, de la mente humana, a cualquier clase de juicios (ya sean realmente verdaderos o ya sean los que después resultan falsos). En el ser humano que vive en los tres mundos mágicos, hay muchísimos más juicios falsos que realmente verdaderos. En las creencias o certezas, intervienen cuatro factores: a) el factor mental *intelectual*, b) el factor mental *sensible*, sensitivo o animal, c) el factor *volitivo* o voluntario y d) el factor *emocional*, sensitivo o animal.

En las creencias, podemos estar ciertos o convencidos de algo que después resulta total o parcialmente falso. *Podemos estar ciertos de algo falso. En el ser humano, toda información que produce sufrimiento, es espiritualmente falsa y pertenece a los tres universos de la magia.*

V.- Los atributos de la única verdadera realidad.

La 'única verdadera realidad que existe' se caracteriza por ciertos atributos que pueden resumirse así: Existencia necesaria, infinita perfección, causalidad universal, trascendencia absoluta por encima de todo lo existente, inmutabilidad porque nunca cambia, simplicidad porque no tiene partes y no está sometida a las leyes del tiempo y del espacio, unicidad porque es única y singular, y porque no crea falsas dualidades mágicas, con falsa apariencia de realidad. *Cada una de las infinitas perfecciones de la única verdadera realidad son la misma y única realidad,* vista desde diferentes puntos de vista, por el ser humano. Son la misma Omnipotencia, Bondad, Amor, Sabiduría, Belleza. El ser necesario significa el ser actual y concreto que no puede no ser y no puede no existir. No es cambiante. No es abstracto. No es imaginario. No es subjetivo. No es una falsa creencia. No es un fantasma. No puede aparecer y desaparecer. No puede desaparecer y aparecer. Es un ser real sin la falsa apariencia de lo que no es real. Ante la pregunta: 'Qué es lo que es', 'Mejor Om Phi, el gran maestro, contestó: es 'la única verdadera realidad que existe'.

VI.- Infinitud.
La infinitud no es dual. La infinitud no es lo que no tiene fin, sino lo que no puede aumentar o disminuir, en ningún sentido, porque no tiene límite. Lo infinito carece de límites. Todo aumento o disminución de cualquier cosa se hace agregando o quitando algo del límite que tiene. Si un ser es ilimitado nada se le puede agregar o quitar, y no puede aumentar o disminuir.

VII.- La unicidad.
Cuando un ser es infinito, no tiene otro que le sea igual, pues *no puede haber varios infinitos.* Si los hubiera, cada uno limitaría al otro, y ninguno sería infinito, y así todos tendrían un límite que sería el otro. Por eso, el ser infinito es uno solo, es decir, único, y no crea la dualidad.

VIII.- Los números indefinidos.
También se llaman números infinitos, porque no existe un último número. Como no hay un último número, los números siempre se pueden aumentar o disminuir. *Lo que un*

número indica es el límite de una cantidad. Un número es aumentable, en forma indefinida, más y más, pero no en forma infinita, porque *si algún número fuera infinito, no se podría aumentar ni disminuir* y, entonces, no sería número. Por tal razón, los números mal llamados infinitos, en matemáticas, en verdad son números indefinidos.

IX.- Las series indefinidas.

Serie es una sucesión completa de seres que se pueden aumentar o disminuir. Ninguna serie puede ser infinita porque está compuesta de partes o eslabones. Un ser infinito debe ser simple, sin ningún tipo de composición. Pero *toda serie es compuesta y toda serie es susceptible de aumento o disminución.* Y el infinito no puede aumentar o disminuir, porque es ilimitado. Por ello, toda serie es necesariamente finita. La expresión "serie infinita", es contradictoria, pues equivale a decir que, a un mismo tiempo, lo que no se puede aumentar o disminuir, sí se puede aumentar o disminuir, lo cual es contradictorio.

X.- Inmutabilidad e imperturbabilidad.

La única realidad no tiene comienzo ni final, y tampoco es susceptible de ser y no ser al mismo tiempo. Mutable es lo que puede existir o no existir o existir de otra manera. 'El ser verdaderamente real' no tiene un sistema sensible o sensitivo, para sentir sensaciones, físicas o emocionales, porque no tiene cuerpo sensible para poder sentirlas, pues carece de sentidos físicos para sentir sensaciones, razón por la cual, *el ser verdaderamente real, siendo amor perfecto e incondicional, no puede sentir emociones ni sentimientos. El verdadero amor no es una sensación ni un sentimiento,* sino una tendencia natural hacia la plenitud del ser, el cual no está sometido a las leyes de la materia, ni a las leyes del tiempo y el espacio.

124

Por ello, *la imperturbabilidad es una forma de inmutabilidad,* propia de la vida del ser verdaderamente real, no perteneciente al triple mundo mágico en que viven los seres humanos. Por dichas razones, *el real y verdadero amor siempre es imperturbable y nunca sufre. Si hay sufrimiento emocional-sentimental no hay amor, sino apego. Es siempre un apego que creemos, por error, que es amor.*

XI.- Existe un solo Espíritu. Solamente hay Uno de nosotros. La unidad de todo.

Existe "un solo Espíritu", que se mueve, a través de todos nosotros, y a través de todas las cosas (que "realmente" existen). Así que, incluso, aun estando "en *la falsa ilusión de que cada otra persona está separada de nosotros",* la verdad es que, en realidad, no es así. *Realmente, "solo hay Uno de nosotros".*

XII.- La naturaleza de lo que es "la realidad". El concepto correcto de lo que es "la realidad", es imposible, si no se acepta, previamente, la existencia de "una sola y única realidad original". La doble aceptación previa, primero, de su real existencia, y, segundo y de que es la única realidad", es un doble prerrequisito para la ascensión a los mundos superiores que están fuera de este universo, inmunes a todo sufrimiento.

Los antiguos egipcios se dieron cuenta de que, si la creencia, que tenían en los 42 dioses (politeísmo), continuaba, en la forma en que estaba sucediendo, el mundo nunca iba a entender que "únicamente existe una sola y única realidad". *Es esencial que tú, también, sepas esto, antes de que comiences el proceso de ascensión,* hacia las otras realidades que están más allá de toda magia, pues, de otra forma, no podrás comenzar este proceso. Sin tal conocimiento, no tendrás el concepto adecuado que te vincule a "la realidad", (y que te vincule a "lo que es la realidad", y que te vincule a la "única realidad que existe"). Si no tienes claro el concepto de que solamente existe "una sola realidad original", no podrás continuar con el único y verdadero proceso de ascensión, pues no tendrás el concepto correcto que encaja en la realidad.

XIII.- La comprensión de la verdadera naturaleza de la realidad. Hay una falsa creencia o error que es un obstáculo o impedimento para pasar a la conciencia cristica o conciencia de realidad o conciencia de unidad, Cuando llegues, realmente, a la comprensión de la naturaleza de la realidad, será, entonces, a ese nivel, cuando realmente te estarás conectando con la Unidad. De hecho, no es posible llegar a la unidad, *si tú sigues creyendo en el error de que la realidad externa existe*, de la manera como el mundo cree que existe.

XIV.- La única y verdadera realidad, que no cambia, ya es perfecta. Lo que es real es Dios, o el Cielo, o la Fuente, o el Hogar, o la Realidad, o como quieras llamarlo. Al margen de cómo elijas llamarlo, lo cierto es que "Eso real" es perfecto. *Eso es perfecto amor.* Este amor perfecto nunca cambia. *Es absoluta inmutabilidad e imperturbabilidad. Si mutara o cambiara, evolucionaría, y, entonces, no sería perfecto.* La realidad ya es perfecta. Esta realidad es la única realidad, la verdadera realidad, la realidad perfecta. Esta realidad ya no tiene que mejorarse, a sí misma. Y esta es la única realidad que da dignidad a todo ser humano. Nos 'parece', falsamente, tener la sensación de que estamos aquí, en un cuerpo, sabiendo que no somos un cuerpo, ni que estamos en un cuerpo.

XV.- ¿Qué es el ego?

a) El ego es todo lo que produce dolor y sufrimiento, y altera nuestra paz interior.

b) Es el cúmulo total de falsas creencias y de falsas emociones y de falsos sentimientos, o dicho de otra manera es el cúmulo de nuestros pensamientos, creencias, emociones y sentimientos negativos o discordantes, o sea agotadores y no renovadores de nuestra energía vital.

c) Las creencias o pensamientos negativos son los que no nos dan paz interior, y nos quitan la paz interior. En la vida de todo ser humano, hay un cúmulo de creencias inconscientes, de carácter mágico, coordinadas y dirigidas por un mágico director de orquesta, llamado el ego. Hay 'algo', en el ser humano, que "cree" estar aquí, en medio de todo esto. En realidad, no lo está, no está aquí, pero piensa y cree que sí. "Esta cosa" piensa y cree que se ha separado de su Fuente, del Cielo, de la única realidad que existe, y 'cree' que es o ha tomado una *identidad o individualidad propia"*. Eso es el ego. Es inconsciente. Está debajo de la superficie de la mente consciente. Es el generador de todas las enfermedades físicas, emocionales y mentales. *El ego es la falsa idea y la falsa creencia y la falsa experiencia* de que, de algún modo, (modo éste que pensamos y 'creemos' que es real), nos hemos separado de la Fuente. Así el ego ha asumido una "existencia personal", una "identidad propia", distinta de la fuente (que no es "una" con la Fuente), en la cual no hay unidad o unicidad con la Fuente. El ego aparece, cuando pensamos o creemos que esa supuesta "existencia personal" o que esa supuesta "identidad propia" es real, a pesar de que ha sido y será siempre un simple sueño ilusorio mágico, una apariencia de realidad, carente de toda realidad.

XVI.- Los cinco factores del sufrimiento.

Todo sufrimiento se basa en los siguientes factores o soportes:

1.- *La ausencia de imperturbabilidad.* Ello nos permite eliminar la turbulencia de la perturbabilidad de nuestro mundo emocional y eliminar la inestabilidad de nuestros sentimientos y emociones.

2.- *La ausencia de paz interior.* La paz interior se basa en la imperturbabilidad, y nos lleva al amor incondicional.

3.- *La ausencia de amor incondicional.* El amor incondicional nos lleva a poseer la plenitud del ser, y a la felicidad. El amor es la virtud unitiva más poderosa del universo.

4.- *La falsa creencia en la separación.* Según la física más avanzada, nada está separado y todo está unido. Con la presencia de la conciencia de la unidad, se extingue la falsa creencia en la separación de la 'verdadera realidad'.

5.- *La falsa creencia en la falsa y mágica apariencia de realidad de este universo físico.*

6.- La falsa creencia en la existencia de dos diferentes realidades, la realidad del espíritu y la realidad de la materia.

7.- La ausencia de aceptación de que la realidad es una sola, y que solo existe 'la única verdadera realidad', y, que lo demás es una falsa apariencia de realidad; es decir, no es realidad ni es la realidad. Solo existe lo que es real.

42.- EL DETECTOR Y BLOQUEADOR MÁGICO

Aprender a detectar y distinguir el sufrimiento y la paz, el amor y el apego.

I.- El detector y bloqueador mágico.

Según 'Om Phi Mejor', el gran mago y maestro, el detector y bloqueador mágico es un instrumento científico que siempre es infalible. Está compuesto de un complejo sistema de indicadores.

Cuando hay sufrimiento emocional-sentimental, de cualquier clase, desde el más leve sufrimiento, hasta el más grande sufrimiento, se disparan todos los indicadores. Todo ser humano posee este dispositivo científico múltiple, ya incorporado en su propio cuerpo. Cuando hay sufrimiento, las luces rojas se encienden, pero tú no las ves. Las alarmas se disparan, pero tú no las oyes.

Cuando hay sufrimiento, se disparan los indicadores, pero tú no los ves, o no los sabes leer, o no los sabes interpretar. En verdad, es un problema de ignorancia. Necesitas un entrenamiento urgente para aprender a interpretar y a manejar los indicadores.

II.- ¿Qué indican los indicadores? Sus funciones son las siguientes:

a) Uno sirve para saber cuándo hay sufrimiento oculto o inconsciente.

b) Otro sirve para predecir cuándo aparecerá una enfermedad en el futuro.

c) Otro sirve para detectar y bloquear fugas y pérdidas energéticas,

d) *Otro sirve para saber cuándo me hacen magia, o cuándo yo me hago magia a mí mismo, o cuándo yo hago magia a otras personas,*

e) Otro sirve para detectar cuándo hay falsas creencias inconscientes.

f) Otro sirve para saber cuál es tu grado de ignorancia, pues sirve para saber que aún no sabes qué es la realidad.

Es un detector múltiple o multipropósito de creaciones mágicas, propias de los tres universos mágicos. *Cuando tú sufres es porque estás empleando la magia contra ti mismo, en forma inconsciente, sin darte cuenta de ello.* Si hay sufrimiento emocional- sentimental de cualquier clase, este instrumento lo detecta, en forma inmediata. Si hay enfermedad física manifestada o que está por manifestarse, este instrumento la detecta o la predice. Tus propios sentimientos y emociones son indicativos científicos infalibles de que tus creencias son falsas o de que tu sistema de creencias es espiritualmente falso. Siempre que sufres, física o emocionalmente, es porque hay una creencia falsa inconsciente, en tu vida. Toda creencia y toda emoción siempre repercuten en tu propio cuerpo físico. *Ese detector es tu propio cuerpo físico.* Siempre que tengas una dolencia emocional o física, procede a averiguar cuál emoción falsa o mágica, o cuál es creencia falsa o mágica que la está produciendo. Es infalible. Nunca falla. ¿Cómo saber si hay falsas creencias en tu vida? *Si no eres feliz, en forma total y completa, y en forma continua y permanente, ya estas enfermo, gravemente enfermo, enfermo de muerte.* Siempre nos mata una emoción y una creencia. La creencia en la muerte nos enferma y nos mata. La creencia en la supuesta real existencia del cuerpo nos enferma y nos mata. Lo que es real y verdadero nunca muere. Solo existe lo que es real.

II.- La curación emocional y sentimental es urgente en nuestra vida.

1.- Tú necesitas urgentemente comenzar a romper, destruir, deshacer, derrumbar, disolver, pulverizar, diluir o desaparecer tus creencias actuales, pues de ellas dependen todas las formas emocionales del sufrimiento.

2.- Job tuvo la *'creencia'*, creencia equivocada pero cierta para él, de que Dios lo había abandonado (Job 10, 1; 29, 2, 4, 5). Jacob tuvo la *'creencia'*, creencia falsa pero cierta para él, de que su hijo había muerto. Se deprimió, no quiso que lo consolaran y deseó la muerte (Génesis 37: 33 - 35).

3.- Hoy ya se sabe, sin temor a dudas, que *más del 95% del saber humano actual,* del pensar actual y de la ciencia actual, es erróneo y equivocado, porque estudia la materia, la falsa apariencia de la materia, creyendo falsamente que es real en el sentido de que es equivocado en más de un 95%, y porque solo se refiere al mundo de las leyes físicas o materiales. Es científicamente falso y está basado en simples creencias, llamadas hipótesis científicas o teorías científicas que son simples hipótesis. Es ajeno a toda espiritualidad, o rechaza toda espiritualidad. Está cargado con la emocionalidad, consciente o inconsciente, de un sufrimiento ancestral, aprendido y transmitido, de generación en generación.

III.- Usted puede detectar fugas energéticas y distinguir entre lo falso y lo verdadero. Es muy fácil saber cómo distinguir si tus creencias son espiritualmente falsas o verdaderas. *Toda creencia que hace sufrir es espiritualmente falsa.* Basta averiguar los resultados de sufrimiento que generan, en tu vida. El amor de los enamorados no es amor incondicional, sino apego y sufrimiento. Sufren por todo. El amor a nuestros seres queridos no es amor incondicional, sino apego y sufrimiento, sufrimos por todo lo que les afecta o creemos que son las adversidades de su vida. Si tú sufres por cualquier motivo, grave o no grave, es porque tienes una concepción equivocada de la vida. La forma de saberlo o el criterio de falsedad o de verdad, en materia espiritual, es el sufrimiento interior o la paz interior. A mayor paz interior, hay menos sufrimiento interior. El detector es un criterio de distinción que permite detectar y distinguir claramente dos cosas,

a) el sufrimiento interior y la paz interior,

b) el amor y el apego. *Si tú sufres, por cualquier motivo, es porque no hay amor sino apego. Confundimos el amor con el apego.*

En la vida, todo lo que sucede es perfecto y necesario, para que, en el plan cósmico, aprendamos a no sufrir, y a dejar de sufrir, pues, en todo lo que ocurre, hay un profundo y divino propósito de Amor Universal, encaminado a dejar de sufrir, y a aprender a dejar de sufrir, y a aprender a vivir mejor.

IV.- *El amor que cura el sufrimiento es como el agua y el sol.* El amor es una ley. El amor no es un sentimiento ni una emoción. El amor nunca lucha. El amor no tiene apegos. El amor nunca sufre. El amor es una virtud espiritual. El amor es la mayor de todas las virtudes. El verdadero amor es universal e incondicional. El verdadero amor es como el sol, que a todos alumbra. El verdadero amor es como el agua, que a todo se adapta. *Si hay sufrimiento en tu vida, es porque no sabes que realmente existe otra manera de vivir.* Si sigues haciendo lo que siempre has hecho, seguirás obteniendo lo que siempre has obtenido: *'Sufrimiento, por lo que haces o no haces o dejas de hacer'*. Si quieres obtener algo nuevo, mejor, distinto, diferente, comienza por hacer algo nuevo, mejor, distinto y diferente: 'Aprende a amar de una manera diferente'. Comienza por aprender a 'ser amorosamente imperturbable'.

V- Salud y espiritualidad. En materia de sufrimiento, casi siempre se requiere ayuda externa de alguien que esté fuera o que sepa cómo ponerse fuera de las pautas y patrones de sufrimiento que enseña la cultura actual. Ábrete a la posibilidad de que llegue alguien a tu vida, que pueda ayudarte con tus desequilibrios emocionales y sentimentales. *El sufrimiento es curable.* 'Om Phi mejor', el mago y maestro, puede ayudarte a ayudarte. Solo tú puedes salir del sufrimiento. Nadie puede hacerlo por ti.

Solamente, cuando una persona tiene, en un adecuado equilibrio, su emocionalidad, en todas sus formas y manifestaciones, *solo entonces puede decirse que está sana, relativamente sana, y que está realmente en el camino espiritual.*

VI.- Es necesario deshacer y desaparecer la cultura actual del sufrimiento. La cultura y la civilización actuales están montadas, estructuradas y construidas sobre el sufrimiento. A su vez, el *sufrimiento* está construido sobre la emocionalidad. A su vez, la *emocionalidad* se basa en el falso fundamento de un falso sistema de *creencias* que hemos culturalmente aceptado como cierto. Romper, en forma radical, las estructuras actuales de nuestro sufrimiento interior no es tratar de cambiar la realidad externa. Es deshacer y desaparecer, romper y aniquilar una supuesta y falsa realidad interna. Para lograr nuestra estabilidad interior es necesario desestabilizar, desmontar, destruir y deshacer, en primer lugar, nuestra personalidad tradicional y ancestral, que está cargada de creencias conscientes o inconscientes de sufrimiento, (que es también lo que se llama *la sombra o el ego o el no yo o el falso yo*). Es necesario desconectar o desinstalar nuestro programa informativo mental de sufrimiento, para reinstalar un nuevo programa, con un nuevo sistema de información de paz interior.

43.- YO RECONOZCO Y ACEPTO

I. Invocaciones de la no resistencia.

1. Om Phi- Yo estoy saludando con amor, y aceptando con alegría, este nuevo y mejor día, y todos los acontecimientos del día.

2.- Om Phi- Yo estoy saludando con amor, y aceptando con alegría, este nuevo y mejor día, y todo lo que suceda este día.

3.- Om Phi- Yo estoy saludando con amor, y aceptando con alegría, este nuevo y mejor día, y todos los sucesos, hechos y acontecimientos de este día.

4.- Om Phi- Yo estoy saludando con amor, y aceptando con alegría, este nuevo y mejor día, y que este momento del día y todo momento del día es como debe ser.

5.- Om Phi- Yo estoy saludando con amor, y aceptando con alegría, este nuevo y mejor día, y todo lo que me traiga este día.

II.- Reconocimiento de la existencia de otra realidad.

1. Om Phi. Yo reconozco y acepto que sí existe un nuevo, mejor, distinto y superior modo de vivir.

2. Om Phi. Yo reconozco y acepto que sí existe un nuevo, mejor, distinto y superior modo de vivir la vida, que está, aquí, en esta tierra, en esta vida, al alcance de mi mano.

3. Om Phi. Yo reconozco y acepto que sí existe, realmente sí existe, una nueva, mejor, distinta y superior forma de vivir la vida.

III.- Yo reconozco y acepto.

1.- *Yo reconozco y acepto* que mi malestar interior nace de los pensamientos culturales de infelicidad que he aprendido. Mi información interior incorrecta es la causante de mi miedo, mi estrés y mi sufrimiento. Yo soy quien toma la decisión personal y autónoma de sufrir o no sufrir ante lo que sucede.

Yo soy el único auto-responsable de mi incorrecta interpretación interior de las circunstancias externas. **2**.- *Yo reconozco y acepto* que mi malestar interior no es culpa de nadie, ni del evento o suceso, ni de la persona que lo causa u origina. **3**.- *Yo reconozco y acepto* que lo que yo siento es solamente el resultado interior de mi necesaria, aunque equivocada emocionalidad aprendida, y de mis necesarios, aunque equivocados sentimientos. La turbulencia de mis emociones y la perturbabilidad de mis sentimientos son errores necesarios para aprender a no cometerlos. **4**.- *Yo reconozco y acepto* que no existen problemas, y que los problemas solo están dentro de mí, y que, por fuera de mí, solo existen sucesos neutros, que yo interpreto interiormente como problemas. **5**.- *Yo reconozco y acepto* que es espiritualmente inútil pretender cambiar o mejorar la situación exterior, si previamente no he cambiado o mejorado mi situación interior. **6**.- *Yo reconozco y acepto* que mis limitaciones, y la causa de mi malestar y sufrimiento, no están afuera, sino dentro de mí. **7**.- *Yo reconozco y acepto* que, en el mundo externo, no existen problemas, sino simples sucesos que no deberían calificarse ni de buenos ni de malos, y que son incapaces de producir sufrimiento para quien toma la decisión de no sufrir. Solo yo soy causante de mi propio sufrimiento, y ni siquiera soy yo, sino mi aprendida y equivocada forma de pensar ante los eventos de la vida.

8.- *Yo reconozco y acepto* que debo comenzar por comprender y aceptar que tengo un conjunto de conceptos aprendidos, que conforman mi sistema cultural de creencias falsas, equivocadas y erróneas, que constituyen mi ego o personalidad. Yo reconozco que son mis creencias, las que sustentan todas mis formas de sufrimiento.

9.- *Yo reconozco y acepto* que todas las situaciones, que yo llamo negativas en mi vida, me están indicando y enseñando: a) qué es lo que he decidido que no puedo aceptar; b) qué es lo que no es aceptable para mí; c) qué es lo que rechazo de la vida, bien sea porque aún no lo he comprendido, o porque aún no me he propuesto aprender a comprenderlo.

10.- Yo *reconozco y acepto* que, cuando reacciono negativamente, me estoy negando a asumir los resultados que, por ley de correspondencia, me corresponde aprender a vivir, generados en mi actual estado de inconsciencia y de ignorancia espiritual.

11.- *Yo reconozco y acepto* que, para completar mi aprendizaje del amor incondicional y de la imperturbabilidad, debo valorar y agradecer a los ignorantes que continuamente contrarían mi forma de pensar, para que yo pueda caer en cuenta de que también estoy en un estado de ignorancia espiritual, al dejarme afectar y perturbar por sus comportamientos de ignorancia e inconsciencia.

12.- *Yo reconozco y acepto* que todos los hechos y sucesos, que me producen incomodidad y sufrimiento, son los entrenadores que me asigna la vida, y que me sirven de maestros perfectos y precisos, para mejorar y acelerar mi desarrollo espiritual, aprendiendo a amar y a bendecir todo lo que sucede, y aprendiendo a fluir con cada suceso, y aprendiendo a ser feliz sin depender de nada, ni de nadie.

44.- INVOCACIONES DE LA SALUD

I.- Invocación vivencial múltiple de la salud.
1.- Om Phi, **yo soy** la salud de 'la única verdadera realidad' que nunca enferma y que ya está dentro de mí.
2.- Om Phi, **yo soy** la perfecta salud de 'la única verdadera Realidad', que ya está dentro de mí.
3.- Om Phi, **yo soy** sano, vital y saludable.
4.- Om Phi, **yo estoy** sano, vital y saludable.
5.- Om Phi, **yo sonrío,** sano, vital y saludable.
6.- Om Phi, **yo me siento** sano, vital y saludable.
7.- Om Phi, **yo vivo** sano, vital y saludable.
II.- Invocación Om-Phi de la protección de la salud.
Om Phi, Yo estoy sano y perfecto, completo y entero, inmune, protegido y a salvo.
III.- Invocación fundamental de la salud.
Om Phi, mejor siempre mejor
IV.- Invocación de bienestar total, en la salud.
Hoy mismo y ahora mismo, cada vez y a cada instante, yo soy Om Phi, yo estoy Om Phi, yo sonrío Om-Phi, yo me siento Om Phi, y yo vivo Om Phi, y mejor siempre mejor, y mejor siempre mejor, y mejor de lo mejor, en todo y por todo y totalmente, *en mi salud y con mi salud.*

137

V. - Invocación vivencial recíproca alternativa de la salud. La invocación básica fundamental *'Om-Phi, mejor siempre mejor'* debe decirse o decretarse o entonarse, con convicción y entusiasmo, o cantarse como cántico de celebración y alegría, *frente a un espejo, mirándose la cara,* cambiando, alternativamente, el pronombre 'yo', por el pronombre 'tú', como a continuación aparece:

1.- Yo *soy* Om Phi, mejor siempre mejor, en mi salud y con mi salud.

2.- Tú *eres* Om Phi, mejor siempre mejor, en tu salud y con tu salud.

3.- Yo estoy Om Phi, mejor siempre mejor. en mi salud y con mi salud.

4.- Tú *estás* Om Phi, mejor siempre mejor. en tu salud y con tu salud.

5.- Yo *sonrío* Om Phi, mejor siempre mejor. en mi salud y con mi salud.

6.- Tú *sonríes* Om Phi, mejor siempre mejor. en tu salud y con tu salud.

7.- Yo *me siento* Om Phi, mejor siempre mejor. en mi salud y con mi salud.

8.- Tú te *sientes* Om Phi, mejor siempre mejor. en tu salud y con tu salud.

9.- Yo *vivo* Om Phi, mejor siempre mejor. en mi salud y con mi salud.

10.- Tú *vives* Om Phi, mejor siempre mejor. en tu salud y con tu salud.

También puede hacerse con los pronombres: yo, tú, él, nosotros, vosotros, ellos, y con el verbo ser, sin conjugarlo.

VI. Invocación vibratoria del espacio pequeño del corazón.

Emplear la vibración curativa del pequeño espacio sagrado del corazón, estando dentro de dicho espacio.

Para ello, enfocar y sentir, también, la vibración típica y característica del espacio pequeño del corazón, en la parte del cuerpo que tenga alguna dolencia de salud, mientras se repite la invocación básica o la invocación vivencial múltiple, empleando también la energía de la luz no dual.

VII.- Invocación Om-Phi del rejuvenecer.

1) Om Phi. - Yo soy joven, jovial y juvenil.

2) Om Phi. - Cada vez y cada instante, yo soy más y más joven, jovial y juvenil.

3) Om Phi. - Con cada respiración que hago, yo estoy sanando y rejuveneciendo, cada vez más.

VIII.- Invocación Om-Phi para adelgazar.

a) Om Phi. - Cada vez, yo estoy más vibrante, delgada y esbelta. **b)** Om Phi - Todo lo que como me adelgaza, y se convierte en salud y belleza".

IX.- Toda enfermedad física es de origen sicosomático

Todas las enfermedades tienen un origen mágico. Todas las enfermedades físicas se originan, así: Primero, se originan, en la falsa conciencia de estar separados de la fuente de la única y verdadera realidad. Segundo, en nuestras creencias, y tercero, en nuestras emociones y sentimientos. Todos los 'accidentes' también son atraídos por la magia de nuestros pensamientos inconscientes. Los accidentes, cualesquiera que ellos sean, son magia que empleamos, en forma inconsciente, contra nosotros mismos. Si tú desapareces las causas, deshaces y desapareces los efectos.

X.- Las tres partes integrantes de la salud. 1.- El ser humano tiene cuatro partes, como si fuera un tetraedro de cuatro caras y cuatro vértices. (Ver el dibujo anterior). En el

vértice superior está el espíritu, y en los tres vértices inferiores está el cuerpo, es decir, el cuerpo *físico*, el cuerpo *emocional* sensible y el cuerpo *mental* animal. Estos tres cuerpos carecen de realidad objetiva. La única realidad objetiva es el espíritu. *Mi cuerpo es materia, pero yo no soy la materia de mi cuerpo.*

2.- Se define al ser humano como un animal racional, donde la animalidad es propia de los animales, y donde la racionalidad es propia del espíritu. El cuerpo *físico* animal, el cuerpo *emocional* animal y el cuerpo *mental* animal pertenecen a la realidad aparente del mundo material. Siempre, detrás de cada enfermedad física o emocional, hay una falsa creencia. *El espíritu no es cuerpo y nunca se enferma.*

3.- Hay un orden de prioridad o de jerarquía en los tres cuerpos materiales del ser humano. La salud del cuerpo físico depende del cuerpo emocional animal. La salud emocional depende del cuerpo mental animal. Toda enfermedad física tiene un doble origen, el cuerpo emocional y el cuerpo mental. Todo sufrimiento emocional tiene su origen en el cuerpo mental, es decir, en un sistema de creencias falsas, sobre lo que es la apariencia de realidad del triple mundo mágico.

4.- Es esencial eliminar, deshacer y desaparecer el sistema de creencias falsas inconscientes de la mente, como requisito previo para eliminar el sufrimiento de las emociones y de los sentimientos, y para tener la salud del cuerpo físico.

5.- El sufrimiento emocional-sentimental comienza a desaparecer, cuando comienza a desaparecer la creencia en la realidad de la existencia del triple cuerpo mágico.

6.- En el ser humano, *El 'bien de la salud' no es el estado de* **'bienestar'** *de la salud, sino el proceso del* **'mejor-estar'** *de la salud.*

45.- LA GRAN INVOCACIÓN, EN EL TRATO CON OTRAS PERSONAS.

I.- Ejemplos.

a) Cómo proceder, ante las siguientes preguntas: ¿Cómo estás, ¿cómo te sientes?, ¿de dónde vienes, para dónde vas?, ¿qué hiciste, qué has hecho?, ¿qué vas a hacer?

Antes de responder, debes decir o decretar, verbal o mentalmente: 'Om Phi, mejor siempre mejor'. Solo después, puedes añadir cualquier cosa que desees comentar o añadir o responder.

b) Cómo proceder, si alguien te dice lo siguiente: Buenos días, buenas tardes, buenas noches, hola, buenas, ¿qué hubo? ¿dónde estabas?

Antes de responder, tú debes decir o decretar: 'Om Phi, mejor siempre mejor'. Solo después puedes hacer o añadir la contestación al saludo, diciendo lo que tú quieres decir o responder.

II.- Diferentes situaciones. Así, también, debes hacer, en diferentes situaciones, para fines como los siguientes:

1. *Para agradecer o para acompañar la forma de agradecer.* Ejemplos: Decir la invocación completa, así: 'Om-Phi', (en forma hablada o silenciosa), y después, 'mejor siempre mejor', (en forma hablada o silenciosa), y después añadir: Gracias o muchas gracias, estoy muy agradecido, etc., etc.

2. *Para saludar, como salutación o para acompañar la forma de saludar.* Decir la invocación completa, así: 'Om-Phi', (en forma hablada o silenciosa), y después, 'mejor siempre mejor', (en forma hablada o silenciosa), y solo después añadir: Buenos días, buenas tardes, buenas noches, etc., etc.

141

3. *Para responder el saludo o para preguntar.* Se procede a decir la invocación completa, así: 'Om-Phi, (en forma hablada o silenciosa), y después, 'mejor siempre mejor', (en forma hablada o silenciosa), y solo después añadir o contestar o preguntar lo que se quiera.

Hacerlo así, aunque nos demoremos un poco más, para contestar, y, solamente después de dicha la invocación, proceder a preguntar o a decir lo que se quiera, así: Responder Om-Phi (en forma hablada y silenciosa), y 'mejor siempre mejor' (en forma hablada o silenciosa), y solo después añadir: ¿Cómo estás?, ¿cómo te ha ido?, ¿qué pasó?, ¿dónde estabas?, ¿qué has hecho?, ¿en qué puedo ayudar?

4.- *Para identificarse, como contraseña de identificación, entre nosotros mismos, o para presentarnos entre nosotros.* Decir la invocación completa, así: 'Om-Phi, (en forma hablada), y 'mejor siempre mejor', (en forma hablada).

5.- *Para iniciar o terminar una conversación o plática, o para iniciar o terminar una exposición.* Decir la invocación completa, así: 'Om-Phi', (en forma hablada o silenciosa), 'mejor siempre mejor', (en forma hablada o silenciosa)

6.- *Para despedirse o para acompañar la forma de despedirse.* Decir la invocación completa, así: 'Om-Phi', (en forma hablada o silenciosa), 'mejor siempre mejor', (en forma hablada o silenciosa), y solo después decir: Adiós; dulces sueños, hasta mañana, hasta luego, que Dios te bendiga; que Dios te lleve con bien; que los ángeles te protejan; que te vaya bien; que regreses pronto; aquí te espero, etc., etc.

7.- *Para acompañar o reemplazar o reforzar otras expresiones espirituales.* Decir la invocación completa, así: 'Om-Phi', (en forma hablada o silenciosa), 'mejor siempre mejor', (en forma hablada o silenciosa), y solo después decir, 'namasté'; 'shalom'; 'la paz sea contigo'; 'la paz sea con vosotros'; 'Shanti, shanti, shanti', 'tú eres yo y yo soy tú'; 'In lak ech-hala ken'; 'Om mani padme hum'; 'Hari om tat sat'; etc., o, como dice 'Drúnvalo Melchizedek' y el apóstol Pablo: 'Yo estoy en Dios y Dios está en mí y alrededor de mí'; o 'en Dios somos, nos movemos, vivimos y existimos'. etc., etc.

8.- *Para sanar, beneficar o bendecir o armonizar una situación cualquiera, así:* a) Cuando veas pasar a alguien, afectado por alguna dolencia, bendícelo, decrétale y entrégale: (en forma verbal o silenciosa), la invocación completa, 'Om Phi, mejor siempre mejor'. **b)** Cuando veas a una persona triste o afligida, bendícela, decrétale y entrégale, verbal o mentalmente, la invocación completa, 'Om Phi, mejor siempre mejor'. **c.** Cuando veas una situación anómala, procede a armonizarla o bendecirla, con la invocación completa, 'Om Phi, mejor siempre mejor'. **d).** Cuando quieras elevar tu estado de conciencia, bendícete y decreta la invocación completa. **e)** También puedes hacer o dibujar, en el aire, con una de tus manos, el símbolo matemático de Phi, mientras bendices una situación, con la invocación *'Om Phi, mejor siempre mejor'.*

III.- Lo importante. 1.- Lo importante no es tanto decir o decretar la invocación completa, a otra persona, ni que la otra persona sepa o capte o sienta el sentido y alcance espiritual sagrado, que la invocación tiene. Lo realmente importante es lo siguiente: **primero**, que tú mismo lo sepas, lo captes y lo sientas y lo vivas, y, sobre todo, que tú mismo tengas 'la intención espiritual' que la invocación contiene; **segundo**, que tú mismo estés auto-vigilante, para aprovechar todos los momentos ocasionales, casuales o eventuales, cada vez que se presente la ocasión, para efectos

143

de acrecentar tu propio bienestar, y, sobre todo, para recordar, cada vez más, estar y vivir en el estado espiritual de conciencia superior y espiritualmente superior. **2.**- Procurar no emplear dichas invocaciones, en formas o circunstancias frívolas o vanas o banales, tales que puedan inducir a su desvalorización o ridiculización o descrédito o profanación de su sentido sagrado y superior. **3.** La invocación 'Om-Phi, mejor siempre mejor', en el trato con otras personas, hace lo siguiente:

a) Enfatiza lo sagrado que hay en ti y en otras personas.

b) Realza el espíritu de auto-realización e iluminación.

c) Llena y plenifica, con un sentido superior y con un optimismo superior, toda la vida, todo pensamiento, toda palabra, toda situación y toda acción.

IV.- La decisión de no sufrir más

1. Om Phi- Yo estoy *aprendiendo* a no sufrir más, por nada ni por nadie, ni por nadie ni por nada.

2. Om Phi- Yo ya *no necesito* sufrir más, por nada ni por nadie, ni por nadie ni por nada.

3. Om Phi- Yo ya *no quiero* sufrir más, por nada ni por nadie, ni por nadie ni por nada.

4. Om Phi- Yo *renuncio* a sufrir más, por nada ni por nadie, ni por nadie ni por nada.

5.-Om Phi- Yo *decido* no sufrir más, por nada ni por nadie, ni por nadie ni por nada.

6. Om Phi- Yo estoy dispuesto a no oponerme a la vida.

7. Om Phi, yo estoy dispuesto a no oponerme al fluir de los acontecimientos de la vida.

8.-Om Phi- Yo estoy dispuesto a actuar, sin luchar ni sufrir, sin resistir y sin resistirme al cambio.

46.- MATEMÁTICAS, FÍSICA Y GEOMETRÍA DE LA SINGULARIDAD DE 'OM'

1.- La singularidad fonética de Om.

Om es el sonido de la frecuencia de la vibración universal. Viene del 'sonido primordial' Om, llamado el **Om puro, no dual u original,** también llamado el 'sonido sagrado' primordial fundamental. Es un fonema místico esotérico que, por analogía con la voz humana, representa y simboliza la vibración del amor y de la creación, es decir, imita o copia la *'vibración original y no dual de la frecuencia del sonido primordial',* que es dicho o pronunciado por el ser que posee realidad, y que tiene el amor único, incondicional y universal, y que, como **'logos o voz o verbo o palabra'** del Hacedor, ama, realiza, crea, preserva, conserva y mantiene la 'creación universal original', no dual, en su existencia.

2.- Clases de Om.

Según el modo de su origen, hay tres clases de Om, así:
a) Om físico *verbal* que es el sonido generado por la voz humana y que se hace o se pronuncia verbal o fonéticamente, y que es audible o escuchable, en cantos, mantras e invocaciones sagradas, y que busca imitar el Om original.

b) El Om *físico universal,* como sonido cósmico descubierto por la ciencia, como vibración estática electromagnética.

c) *El Om original del espacio sagrado 'pequeño', en el corazón humano,* el cual se manifiesta como una vibración continua, uniforme, constante y permanente, en un espacio no dual y no local dentro del corazón humano, y solo es captable por el sentido psíquico de la audición.

145

Según el sujeto que lo proclama, hay tres clases de Om, así:

a) El Om del amor único original, *cuyo sujeto se ama a sí mismo.* Om realiza, en sí mismo, lo que proclama con su palabra. Es el sujeto sin objeto, porque el objeto es el mismo sujeto. Es el Om puro no dual, que algunos llaman también, el unigénito o el paráclito o el verbo de Dios.

b) El Om divino descendente o kenosis. Es la palabra del creador encarnada o hecha carne, en el ser humano.

c) El Om humano ascendente. Es el Om de la ascensión humana y del universo a través del ser humano.

3.- El sonido físico electromagnético.
El Om físico universal, como onda sonora, en este universo, es un sonido cósmico ubicuo, que llega de todas partes, dentro de este universo físico. Fue científicamente descubierto, por casualidad, por los laboratorios Bell, como "estática" o vibración estática electromagnética, que interfería en sus aparatos de investigación científica.

4.- El sonido de cada objeto. En este universo físico de tercera dimensión, todas las cosas, hasta las estrellas, las galaxias, las células y los átomos, y hasta los animales, las plantas y las piedras, tienen una longitud básica de onda, de alrededor de 7.23 centímetros, que da origen al sonido, conocido como el Om hindú del universo. *Cada objeto, en este universo, produce un sonido*, de acuerdo con su propia constitución física. Cada objeto hace un sonido único. Si se toma un promedio de los sonidos de todos los 'objetos de este universo de tercera dimensión' en que vivimos, se obtendrían estos 7.23 centímetros de longitud de onda, y sería el verdadero *Om,* para esta realidad física de tercera dimensión.

5.- La radiación cósmica de fondo.
Es el 'Om físico' cósmico de todo el universo físico que

146

está en la tercera dimensión. Dicho Om, desde el punto de vista de la física, tiene también relación con la llamada *'radiación cósmica electromagnética de fondo'*, también científicamente llamado *'el fondo cósmico de microondas'*, que, como eco cósmico, llena el universo por completo.

6.- El Om audible. **a)** El 'Om físico' de este universo es apenas una imitación o manifestación externa holográfica e ilusoria del 'Om original', que está en el pequeño espacio sagrado no dual ni local del corazón.

b) El Om del espacio del corazón es audible o escuchable, solamente en el espacio sagrado y secreto del corazón. Es necesario aprender a ir y aprender a entrar a dicho espacio sagrado y secreto del corazón, y aprender a escucharlo.

7.- Aum y Om. Om es una abreviación del sánscrito 'Aum'. Aum puede pronunciarse como Om. El Om, como sonido verbalmente pronunciable, es apenas un intento externo, borroso y lejano de simple imitación y simple copia del 'Om original' interno del espacio pequeño del corazón.

8.- El Om planetario de la nueva tercera red planetaria. Es el Om físico-cósmico de toda la tercera dimensión que está relacionado con la vibración de la nueva tercera *"red electromagnética de conciencia de unidad"*, o *de conciencia crística*, para el planeta tierra. Tiene la forma de un dodecaedro icosaédrico estrellado, que está a 96 kilómetros de la superficie del planeta tierra, y que, *desde el 8 de febrero del año 2008*, induce hacia un cambio acelerado espiritual de la conciencia humana. La segunda red fue descubierta por la Unión Soviética y por Estados Unidos. La tercera red, fue destruida hace 13.200 años, y fue reconstruida a lo largo de 13.000 años, por tres ingenieros planetarios, y fue terminada en 1989. Fue activada y puesta en funcionamiento, en febrero 8 del año

147

2008, por el físico y astrofísico Drúnvalo Melchizedek, a petición de Thot, el atlante, como ingeniero cósmico planetario. *Tal rejilla es lo que hace posible ascender al próximo nivel de conciencia, y sin ella no puede haber ascensión a ningún nivel.* **9.- El Om del kundalini de la tierra.** El Om físico planetario del planeta tierra está también relacionado con la vibración de la corriente energética, llamada el kundalini de la tierra y que sale desde el centro del corazón de la tierra hasta la superficie, en el centro de América del Sur. Fue activada por Drúnvalo Melchizedek, a fines de febrero de 2008, y conforma *el nuevo norte de espiritualidad, en el planeta tierra.* **10.- El Om pitagórico y la música de las esferas.** En la escuela pitagórica de sabiduría espiritual, por analogía, con *el lenguaje de la geometría y con el lenguaje de las palabras y fórmulas técnicas de las matemáticas,* y con el lenguaje de la música, (escala de las doce notas musicales). Pitágoras geometriza y matematiza y musicaliza a la singularidad de la única realidad, en la proporción Phi, como la realidad de la vida divina, espiritual y perfecta. Por analogía comparativa con el ser humano, en algunas religiones, Om Phi es visto como la plena e infinita perfección del Amor y de la vida divina. Om Phi cuando *'es'* (es Phi); cuando *'ama'* (es Om), cuando *'crea'* (es Om-Phi descendente); y cuando la creación regresa a su Creador (es Om-Phi ascendente). **11.- Kenosis y parusía.** En *la espiritualización, que es la desmaterialización gradual y progresiva del ser humano,* hay el Om descendente (o kenosis o descenso) que, desde la vida divina, viene hasta la conciencia de la vida espiritual humana. Hay, también, el Om ascendente (ascenso o ascensión, mediante la conciencia de realidad), que, desde la conciencia de la vida espiritual humana, va hasta la vida divina.

47.- MATEMÁTICAS, FÍSICA Y GEOMETRÍA DE LA SINGULARIDAD DE 'PHI'

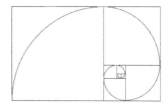 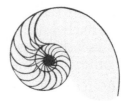

I.- La singularidad matemática, física y geométrica de Phi. El símbolo de la constante matemática Phi es ϕ (pronunciado fi, con f). Phi es igual a 1 más la raíz cuadrada de 5, todo dividido por 2. Es la 'constante matemática', infinitamente perfecta, que, (por medio de la espiral dorada, geométrica, concéntrica, sin principio ni fin, infinita hacia lo grande y lo pequeño), analógicamente representa y simboliza, para el ser humano, la *'infinitud de la plenitud de la perfección'* del ser único real. Se manifiesta, para el ser humano, como la vida divina, la vida perfecta, la vida espiritual, la armonía universal, la belleza universal, la salud universal, la prosperidad universal, el amor universal incondicional, la vida en la conciencia de unidad, y la perennidad de la íntima luz real interior del ser humano. La constante matemática phi, igualmente, representa y simboliza la conciencia espiritualmente superior. Son enseñanzas del gran maestro y matemático Pitágoras, quien ha sido considerado el padre de las matemáticas y de la civilización occidental.

149

II.- La salvación espiritual pitagórica.

Es un símbolo trascendental. Para la escuela matemática pitagórica de sabiduría espiritual, la proporción Phi representa y simboliza la realidad de la vida divina, de la vida perfecta y de la vida espiritual.

En la escuela pitagórica de sabiduría espiritual, o en el pitagorismo o enseñanzas de Pitágoras, (siglo VI a.C.) es realmente sorprendente que las enseñanzas, sobre la proporción dorada Phi, hayan sido vistas y consideradas, como un medio o sistema de *"salvación espiritual"*.

III.- El secreto de la construcción de la naturaleza.

Para la escuela matemática pitagórica de sabiduría espiritual, la proporción Phi esconde y oculta un secreto y un poder aún desconocido, que actualmente, aún todavía, no está totalmente revelado, ni tampoco totalmente descubierto.

En dicha escuela, la proporción áurea Phi era mirada, adorada y estudiada, con asombro y maravilla, con recogida admiración y profunda reverencia, por su insólita y sorprendente trascendencia, y por su singular y *misteriosa participación, en la creación y construcción del universo, y en la aparición de la belleza y de la sacralidad de la naturaleza,* a través de la serie matemática de Fibonacci.

IV.- Los nombres de la constante matemática Phi.

La constante matemática Phi, también, es llamada la proporción Phi, la proporción matemática perfecta, la proporción áurea, la razón áurea, el número áureo, el número sagrado, número único dorado, número divino, mágico, místico, divino, esotérico, la proporción matemática perfecta entre la extrema y la media razón, la sección áurea o la espiral logarítmica de proporción áurea. También es considerada como la proporción perfecta de las dimensiones espiritualmente superiores a la tercera dimensión, y como la proporción perfecta de la Realidad Celeste extradimensional, conocida como el reino de los cielos, pues, *'Phi no pertenece a este mundo, ni se realiza totalmente en este mundo'*. Esa labor de pertenecer a este mundo, realizarse en este mundo, y de pretender salir de este universo, la realiza la serie matemática de Fibonacci que busca, en forma indefinida y aproximativa, sin lograrlo, realizar a Phi absoluto e infinito, en este mundo. El reino de Phi, hablando con propiedad matemática, no es de este mundo, o, como decía el gran maestro, "Mi Reino no es de este mundo".

V.- La ecuación matemática.

La ecuación matemática de la constante matemática Phi se representa así: "Phi es igual a la raíz cuadrada de 5 + 1, todo dividido por 2. Dicha ecuación simboliza y representa una proporción matemática perfecta, cuya relación conforma una espiral (llamada áurea), continua y permanente, que se resuelve en el número áureo, que nunca acaba ni termina, 1.6180...., y que es infinito, hacia lo grande, y que es infinito, hacia lo pequeño.

VI.- Utilización práctica en las ciencias.

La constante matemática Phi es fundamental en la geometría sagrada, en todas las ciencias actuales y, lo será, con mayor razón, en todas las ciencias futuras, como la ciencia del Merkaba, y tiene aplicación concreta y práctica en la ciencia y la tecnología más avanzadas y más recientes, en la física, en la química, en la biología, en la arquitectura, en la ingeniería, en la medicina estética, en el arte, en cualquier actividad humana, y en todas las profesiones y oficios que, en diferentes formas, **'buscan la realización de la perfección'**, o de la salud, o de la belleza y de cualquier paradigma de plenitud humana o de plenitud espiritualmente superior.

VII.- La geometría sagrada.

Phi, como constante matemática geométrica, es el centro o corazón de la geometría sagrada. Phi, sobre todo, tiene un lugar primordial y esencial en la *'geometría sagrada'* de este universo, en la geometría de la vida, de la genética, de la biología celular, en la geometría del ser humano, y en la comprensión matemática de diferentes entidades geométricas, como la Flor de la Vida, la vésica piscis, el teorema de Pitágoras, *la Estrella Tetraédrica, de ocho vértices, que es la apertura hacia la conciencia superior,* la espiral áurea, el rectángulo áureo, los sólidos perfectos o platónicos, los estados superiores de conciencia espiritual, la geometría de la ascensión espiritual, y en los niveles dimensionales, interdimensionales y extradimensionales de una conciencia espiritualmente superior.

La espiral de Fibonacci comienza en el número uno y se aproxima cada vez más, en forma asintótica, gradual, paulatina y sucesiva, a la constante matemática Phi, (1,1,2,3,5,8,13,21,34,55,89,144,333,477,810,1.287,.....etc., en forma indefinida, en la medida en que suma cada número anterior al posterior. 'La serie matemática de Fibonacci' es indefinida, en la medida en que se suma o se divide el número anterior y el posterior, en forma indefinida. La serie tiene comienzo, y siempre busca aproximarse al límite de 'la constante matemática Phi'. Esta constante no comienza, ni comienza en uno, sino que es infinita, sin comienzo ni final.

 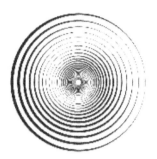

Estos dibujos representan la espiral de Fibonacci. Esta rodea y pretende aproximarse a la constante matemática Phi, mostrada aquí como el punto central de la espiral, el cual se convierte en una línea central, en el centro o fondo de la espiral, alrededor de la cual gira la espiral de Fibonacci. La serie de Fibonacci *representa al universo finito de la naturaleza física y del cuerpo del ser humano,* en cuanto aspira o pretende o progresa, en forma asintótica, para unirse o convertirse en la constante matemática Phi, buscando copiarla o imitarla, en forma indefinida, sin lograrlo.

VIII.- Las tres respuestas sobre la naturaleza de la realidad. Desde la antigüedad, siempre se han dado tres (3) diferentes respuestas.

a) Unos dicen que la única y verdadera realidad es la materia o lo material, lo cual ha dado origen al *"materialismo",* materialismo puro, en todas sus diferentes formas, como son todos los cultores del culto a la materia, o a la naturaleza física, o a seres de la naturaleza física, o a seres del mundo de la fisicalidad.

b) Otros muy pocos dicen que la única y verdadera realidad es el espíritu o lo espiritual, lo cual ha dado origen al *espiritualismo* puro no dualista, o *espiritualismo* no dualista puro, que es la escuela espiritual, de 'Om Phi Mejor,' de Mer y de la orden Alfa y Omega de Melchikek.

153

c) La inmensa gran mayoría de todo el pensamiento actual ha dicho y ha venido diciendo, en una tercera posición, que "la realidad" es doble o dual, es decir, que la realidad está compuesta, simultáneamente, por la materia y el espíritu. Es decir, que tanto lo material como lo espiritual conforman dos diferentes todos reales, o dos (2) diferentes partes de un mismo todo real, o dos (2) diferentes realidades, la física y la espiritual.

d) Es equivocado y contradictorio afirmar que, exclusivamente, existe una sola y única realidad espiritual, si, a renglón seguido, se afirma, también, que el cuerpo y el universo poseen realidad. No es posible, en tal punto, hacer cesiones o concesiones, sin que la contradicción aparezca.

e) La materia no se espiritualiza, porque la materia nunca se convierte en espíritu. El espíritu no se materializa, porque el espíritu nunca se convierte en materia. Son dos polos irreconciliables.

f) La llamada **espiritualidad o espiritualización** del ser humano no es espiritualizar el espíritu, más de lo que ya es. El espíritu ya es perfecto, tal como es. La perfección del espíritu ya es infinita, tal como es.

La espiritualización es el proceso de descartar o deshacer o desaparecer o disminuir o aminorar o minimizar la materia o lo material del ser humano, para que solamente quede y aparezca y reluzca y resplandezca el 'ser del espíritu' del ser humano, que ya está dentro del ser humano.

Es como la flor de loto, que nace en el fango del pantano, para vivir y florecer, sin maldecir o despreciar o desestimar, con desagradecimiento, la tierra y el lodo del pantano que le da la vida. El cuerpo del ser humano, en su cuerpo físico, vive en el lodo del pantano de la materia, para florecer en el espíritu, y desprenderse de la materia.

g) Como la materia y el espíritu son dos polos o extremos irreconciliables, (como efectivamente lo son), uno de los dos debe desaparecer. Es la desaparición de la materia que permite la plena concientización o aparición o manifestación del espíritu, que está cubierto o encubierto o recubierto u obscurecido, por una densa capa de falsa apariencia, o por el velo de la oscuridad de la materia. Esta es la desaparición del universo mágico de la materia, representada, en forma matemática, en la secuencia matemática de Fibonacci.

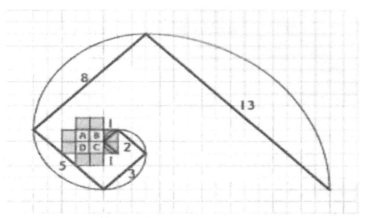

Espirales Fibonacci femeninas (curvadas) y masculinas (angulares) sobre una red expandida.

$$\Phi = 1.6180339...$$

(Secuencia Fibonacci)

Current Term	Previous Term	Division	Ratio
1	1	1 / 1	1.0
2	1	2 / 1	2.0
3	2	3 / 2	1.5
5	3	5 / 3	1.6666
8	5	8 / 5	1.600
13	8	13 / 8	1.625
21	13	21 / 13	1.615384
34	21	34 / 21	1.619048
55	34	55 / 34	1.617647
89	55	89 / 55	1.618182
144	89	144 / 89	1.617978
233	144	233 /144	1.618056

La secuencia Fibonacci.

h) La realidad sin apariencia. Hay dos clases de apariencia de lo aparente. En este mundo y en el ser humano, pueden distinguirse dos clases de apariencia. [1] *La apariencia de lo que es real,* propia de la realidad de este mundo, (pero que no es propia de la única realidad, que es ajena a este mundo físico o tridimensional). Un ejemplo de ello es afirmar: 'el oro es brillante'; [2] *La apariencia de lo que no es real.* Sin embargo, es una falsa apariencia. Un ejemplo de ello es afirmar: 'No todo lo que brilla es oro'. Tales apariencias están *representadas por la serie matemática de Fibonacci.* Por otro lado, también existe la **realidad sin ninguna clase de apariencia,** que no es de este mundo ni pertenece a este mundo. Su realidad es tan real y tan evidente que no tiene ninguna clase de apariencia. Es la realidad sin apariencia. *Está representada por la constante matemática Phi* que es la infinitud de la perfección, es decir, por la única y verdadera realidad original.

48.- LA SINGULARIDAD DE LA UNIÓN DE 'OM PHI'

1.- Dos mundos y una sola espiritualidad.
Om Phi es una expresión sagrada, en la cual se unen y se juntan, por un lado, el término monosílabo *'Phi'*, expresión de lo infinito y no dual, cuyo origen y sentido sagrado-espiritual se ha hecho más relevante y conocido en el mundo occidental, y, por el otro, el término monosílabo *'Om'*, expresión de lo infinito y no dual, cuyo origen y sentido sagrado-espiritual se ha hecho más relevante y conocido en el mundo oriental.
2.- En las enseñanzas espirituales del maestro y físico y astrofísico, Drúnvalo Melchizedek, la expresión "Phi" y la expresión "Om" tienen un valor específicamente espiritual y sagrado, que, para efectos de esta información, llenamos o plenificamos, aún más, con un valor adicional, explicativo y complementario, representado en el vocablo 'mejor', que, en el ser humano, llega hasta la "plenitud del infinito", (pleroma), lo cual es, precisa y justamente, concientizado y reactivado y desarrollado y resaltado en la expresión adicional "Mejor siempre mejor".
3.- Unión sagrada, matemática y fonética.
Om Phi, en el ser humano, es la ***unión matemática fonética de dos palabras monosílabas,*** en la cual se juntan dos mundos y dos contenidos conceptuales sagrados, (la constante matemática Phi y el Om), que indican y refuerzan 'la esperanza' de llegar a la ***conciencia de la única realidad,*** o conciencia de realidad, la cual ya vive y es conscientemente vivible, en el espíritu del ser humano, dentro del llamado espacio sagrado del corazón humano.
4.- Antientropía. *Om Phi,* en el ser humano, representa el *'efecto anti-entropía,* o *ectropía,'* que anula la segunda ley de

la física termodinámica, según la cual, en este universo material, la materia y la energía material tienden hacia el caos y el desorden. **La vida de dualidad del ser humano, en el planeta tierra, tiende hacia la autodestrucción del cuerpo y a la destrucción de la tierra y del planeta.** Dicho efecto anti-entropía, a su vez, está representado en la *serie matemática de Fibonachi,* cuando busca y pretende llegar, en forma esperanzada y asintótica, a la constante matemática Phi, que impide el caos, el desorden y la autodestrucción.

5.- El triple poder. *Om Phi*, en el ser humano, es una dicción y una invocación, cargada de poder y de sentido espiritual*, fundamentada en un triple poder de creación, es decir, el poder de la palabra, el poder del pensamiento, y el poder interior de la esencia divina de nuestro propio Ser.* Su significado sagrado-espiritual, por sí solo, constituye una poderosa invocación del poder espiritual, de amor espiritual y de creación espiritual de lo mejor.

6.- Realidad y realización. Om Phi es un puente y una esperanza. *Om Phi*, en el ser humano, es la *esperanza de la Realización* y la realización de la Esperanza.

Om Phi, en el ser humano, es despertar y realizar la 'esperanza' de la vivencia de la Realidad.

*Om Ph*i, en el ser humano, contiene la 'vibración (Om) de la esperanza' de quien busca y espera realizar la única realidad (Phi), en una vida humana que, cada vez, sea espiritualmente 'mejor siempre mejor'.

Om Phi, en el ser humano, es la vida divina participada al ser humano, y es la conciencia de la participación humana, en la vida divina.

Om Phi, en el ser humano, es el amor que vibra (Om) por llegar a la única realización en el amor (Phi). Phi, en el ser humano, es la *realización* de la única realidad; y, en el Ser divino, Phi es la *realidad* de la única realidad.

En el ser humano, el cántico del amor que viene de Dios es 'Om'; y el cántico del amor que lleva a Dios es 'Om'.

Om Phi, en el ser humano, es un *puente* que une lo finito y lo infinito, en un encuentro de amor unitivo, y que une a Om con Phi, y que une a Phi con Om, en el estado de conciencia superior de unidad. *"Nosotros somos, aquí en la tierra, un puente hacia otro mundo".* Este otro mundo comienza en la 4D, en forma material, no densa y más sutil, y se prolonga hasta la 12D, en forma interdimensional, y luego se prolonga, hasta la realidad extradimensional. En la cuarta dimensión, aún seguimos siendo seres humanos, con un cuerpo, por un corto tiempo, mientras nos desprendemos totalmente de la forma corporal, para pasar después a dimensiones superiores. Después, podemos trascender la cárcel del universo mágico de doce dimensiones, para unirnos a la única realidad que existe.

7.- Las doce puertas o fines, y los doce medios o vías.

En el ser humano, el estado de 'conciencia Om Phi' persigue, mediante *la fe, la intuición y la razón,* la realización de *doce (12) fines o valores espirituales,* también llamados *puertas estelares,* propios de la conciencia espiritualmente superior, que son los siguientes: Amor, verdad, belleza, confianza, armonía, paz, compasión, humildad, sabiduría, unidad, resurrección y ascensión.

Tales puertas o fines se logran, para el ser humano, a través de *doce (12) medios,* también llamados *vías espirituales,* que son los siguientes: Confianza (en la promesa de la esperanza), honestidad, tolerancia, mansedumbre, júbilo, indefensión, generosidad, paciencia, fe, apertura mental, espacio pequeño del corazón y merkaba.

49.- LA NO REALIDAD DE ESTE UNIVERSO

1.- La física más avanzada.

a) Los físicos más avanzados ya saben que la materia no es real y que los cuerpos no son reales, y que este universo es una falsa apariencia de la realidad original. Según la física más avanzada, *todo este universo es una proyección mental holográfica tridimensional.* Es una simple imagen de un holograma, que engaña nuestros sentidos físicos. El **holograma** es una proyección de luz que genera una realidad virtual e ilusoria, que, al pretender imitar o copiar el modelo o arquetipo, más próximo y cercano (que está la 4D), y, en último término, el modelo extradimensional de la verdadera realidad original, fabrica la otra supuesta realidad del universo exterior dual, en la 3D.

b) *El universo externo es una imagen que no tiene realidad propia.* Este universo es un espejo, o la pantalla de un espejo, donde no está tu realidad original. Tú no eres el espejo ni la imagen que está dentro del espejo. Este universo parece existir, pero no existe realmente. Es una apariencia de realidad, como tu imagen cuando estás frente a un espejo. Tú no eres la imagen del espejo. Ni la imagen del espejo es tu realidad original. Tú no eres tu cuerpo. El universo y el cuerpo aparecen como una simple imagen tridimensional, como aparece tu imagen que ves en el espejo.

2.- Las causas segundas del universo externo.

a) *El cuerpo humano y todo lo que vemos ahí afuera, no es real.* El ser real, (que es el espíritu y que es tu verdadera realidad), no está dentro de la simple imagen del espejo. La supuesta realidad de este universo externo no está

160

ahí, en la imagen onírica u holográfica del mismo universo externo, así como la realidad original de tu ser, que en apariencia ves en un espejo, no está en la imagen del espejo;

b) El universo es un holograma (no creado por la causa primera), sino hecho a través de nuestra conciencia humana de dualidad;

c) *Nosotros, 'como causas segundas', o dioses menores, o dioses rebeldes, o dioses separados, o dioses con conciencia de dualidad, con nuestra conciencia de dualidad, hicimos todo este universo aparente, hicimos cada planeta, cada estrella, cada 'cuerpo' de una persona, cada roca, cada una de las cosas que existen en esta apariencia de realidad ilusoria y holográfica;*

d) El ser real original (causa primera), que es y vive en la infinitud de lo perfecto y creador de la realidad, no es el mismo ser que fabricó la finitud de lo imperfecto, sometido a las inclemencias del tiempo y del espacio. El ser original, que es real y no dual, 'no' crea cosas duales o irreales o ilusorias o imperfectas. El ser original hace realidades, pero no imágenes virtuales o ilusorias, como es este universo.

3.- El cuerpo del universo corporal no es real.
a) El universo es un universo de cuerpos materiales. *El cuerpo, todo cuerpo, no es real; es solo una simple imagen externa tridimensional que, en forma equivocada, creemos que es un cuerpo real.*

b) Todos los cuerpos de este universo desaparecerán en la dimensión superior, donde habitan los seres sin forma, que

161

no tienen forma material, ni están sometidos al tiempo ni al espacio. *El ser humano, que está en vía o en camino hacia la conciencia espiritualmente superior, se prepara para la desaparición de este universo de tercera dimensión.*

c) Este universo exterior, carente de la realidad original, en el que nos encontramos, **dejará de existir, porque nunca realmente ha existido,** y porque es una simple proyección mental. Nunca existió, nunca fue una realidad, y nunca fue.

4.- La vaciedad del vacío.

a) La evolución de la conciencia humana nos llevará a la comprensión de que *todo lo externo es vacío y está vacío de la realidad original. Es vano, vacuo y vacío, sin realidad propia. Es vano y es vanidad de vanidades.* El ser real original, que, como causa primera, no hizo este universo y que es anterior al universo, no está en este universo, y está lleno de la realidad de sí mismo. El ser único original vive en el vacío sin materia, inmune a la falsa apariencia de realidad y está fuera de la falsa aparente realidad del mundo externo.

b) En el 'vacío de realidad externa', vive el ser real original, que está vacío y libre de toda falsa apariencia de realidad. *Es el ser original sin universo externo, y que existió antes de hacer este universo externo;*

c) El ser único original, que es la infinitud de la perfección, no hizo ni fabricó la finitud del universo imperfecto, finito, limitado y temporal. El ser original perfecto nunca hace cosas imperfectas, como es este universo espacio-temporal, que nace, cambia y muere, como lo hacen las estrellas y galaxias que también nacen, cambian y mueren.

5.- El sueño de la falsa conciencia de separación.

a) Este universo fue hecho por un ser separado, con una falsa conciencia de separación del ser original, es decir, por un agente o causa segunda que soñaba estar separado de la fuente de toda realidad. **Mientras vivamos en este universo externo de lo material, estaremos soñando el sueño de la separación,** y, como ya estamos aquí, en este universo, estamos soñando con conciencia separada de la causa primera original. Este universo es algo, algo aparente, o un supuesto efecto imperfecto, fabricado por segundas causas que no son la causa primera original;

b) Panteísmo es creer que todo el universo es el único Dios, o que todo el universo es la causa única, primera y verdadera de la realidad y de la única realidad, o que el universo es la causa de sí mismo. Referirse al universo externo o las fuerzas del universo, como algo real, es una equivocación.

c) El universo físico es como una película de cine que estamos viendo en un teatro. Las imágenes que aparecen en la pantalla no son reales, pero creemos que son reales, porque simplemente imitan o tratan de imitar la verdadera realidad original. El ser humano, en la 3D, primero, pretende imitar la supuesta realidad del modelo que se encuentra en la 4D, y, en último término, pretende imitar la realidad original extradimensional.

d) La causa segunda o las causas segundas (no la primera original,) no están realmente separadas de la primera causa, porque, por ese solo hecho, dejarían de existir y perderían la existencia. Sin embargo, como están soñando, están vivas y existen, (seres vivos existentes), **simplemente sueñan la separación sin estar realmente separadas.** Ese sueño es el sueño mágico, causante del triple universo mágico y de la apariencia de realidad, propia de cualquier sueño y de todos los sueños sin realidad.

6.- Preparación

1.- Om Phi, yo estoy dispuesto a prepararme, cada vez más, para salir de aquí, lo más pronto posible.
2.- Om Phi, yo estoy dispuesto a prepararme, para dejar de actuar, en la forma como siempre actúo, y para dejar de actuar como siempre he actuado.
3.- Om Phi, yo estoy dispuesto a prepararme, cada vez más, para salir de aquí, con amor, sabiduría y **vida,** lo más pronto posible.

7.- Alucinación, falsa ilusión y apariencia.

a) Alucinación es la percepción de un objeto que no existe o de algo que no existe, previamente creado por el sujeto, y que luego percibe como existente. En la alucinación, no percibo la imagen que viene de un objeto o de algo creado que ya existe, sino que es la creación y proyección mental, por el sujeto, de la falsa imagen de un objeto o de algo que no existe. Es crear un fantasma de algo que no existe, y luego, por un olvido inconsciente, creer percibirlo como ya existente, antes de conocerlo. Primero, yo mismo creo el fantasma, en forma inconsciente; segundo, olvido haber creado el fantasma. Tercero, después yo mismo lo percibo, como si previamente ya existiera o hubiera sido creado por otro.

b) Ilusión es la falsa imagen o representación, sin verdadera realidad, y que viene de un objeto, sugerida por la imaginación o causada por engaño de los sentidos, como

164

un espejismo. Cualquier objeto exterior tiene la apariencia de ser ese objeto (apariencia del objeto). Ej, el oro es brillante. Sin embargo, la apariencia de ser brillante puede ser engañosa, porque 'no todo lo que brilla es oro' (falsa apariencia del objeto). Si Dios o la única realidad verdadera fuera el oro, no sería brillante, porque la única realidad verdadera, no tiene ninguna clase de apariencias. Es la única realidad sin apariencias. Todo lo demás tiene apariencias o es pura apariencia. El universo externo es pura apariencia, porque no es apariencia de la realidad, sino de la falsa realidad.

8.- Ejercicio.

Puedes mirarte en el espejo. En el espejo está la imagen de tu cuerpo. En el espejo no estás realmente tú, sino solamente la simple imagen de tu cuerpo. Sigue mirándote al espejo. Cierra los ojos, mientras sigues mirando tu imagen en el espejo. En tu mente, sigues conservando la imagen que está dentro del espejo. Ahora retiras el espejo o tú te retiras del espejo. En tu mente, aún conservas la imagen de estar reflejándote dentro del espejo. Esta es una imagen vacía, porque tú ya no estás frente al espejo. La imagen que está fuera en el espejo, ha quedado congelada en tu mente, como si tú todavía estuvieras frente al espejo. La imagen que está en tu mente, correspondiente a la imagen que está en el espejo, es irreal, porque tú ya no estás frente al espejo. Esta es una falsa apariencia de realidad.

50.- LA COMPOSICIÓN FALSA O VERDADERA DEL SER HUMANO

1.- El universo exterior fue fabricado en un sueño del cual aún no hemos despertado.

a) El mundo exterior fue hecho o fabricado por tu mundo interior. *Hay dos mundos interiores*: El **mundo interior onírico** de tus creencias y emociones, y el **mundo o reino interior real**, que está lleno de la verdadera realidad, (y que existió antes de hacer este universo externo, y antes de soñar su ilusoria y aparente creación), *y que ya está dentro de ti*, y que eres tú, y que es el 'tú real' que aparenta estar dentro de este universo exterior aparente. El ser único real vive en el universo real interior, que está libre de la falsa y aparente realidad de este universo tridimensional, hecho de plasma. Según la ciencia actual, toda materia se origina en la materia plasmática, la cual después, en forma sucesiva, se convierte en materia gaseosa, líquida y sólida.

b) Estamos en un universo holográfico fractal, que no es real, y que es una realidad engañosa, simplemente virtual con apariencia de ser sólido y tridimensional.

2.- La desaparición del velo.

a) El velo del olvido o la delgada capa que nos separa de la 'verdadera naturaleza de la realidad', está desapareciendo. Es una capa o velo que no nos deja ver la única verdadera realidad de nuestra existencia.

b) Es una capa o velo que se está haciendo, cada vez más delgada, y continuará adelgazándose, hasta que desaparezca, y hasta que nos permita ver y comprender la naturaleza de esta falsa realidad en que estamos y vivimos, y poseer la conciencia de la otra única verdadera realidad, en la que muy pronto entraremos.

166

c) Toda obra o creación o fabricación, procedente de la mente humana (dual por naturaleza), es energéticamente dual y está energéticamente polarizada. *Todo lo que es dual está vacío de la única verdadera realidad.*

d) El punto exacto de la no polarización o no dualidad, en el ser humano, está en el campo biomagnético del corazón, que, a su vez, está en el pequeño y muy pequeño espacio no dual y no local del corazón dentro del corazón humano, recientemente descubierto.

3.- El ser del espíritu.

a) Suelen decirnos que el ser humano está compuesto de cuerpo y espíritu, o de materia y espíritu, o de un espíritu racional, metido dentro de un cuerpo animal. Por eso, el ser humano ha sido definido como 'animal racional'. No es así. El ser humano es un ser real, racional espiritual, metido en una apariencia mágica de realidad aparente, que es el cuerpo o materia, o cuerpo material. La materia no existe ni tiene una realidad propia.

b) El ego, el no yo o el falso yo, en el ser humano, está conformado por la aparente existencia de este universo físico y del cuerpo humano. El 'cuerpo' animal del ser humano (como simple cuerpo sin espíritu) está conformado por un *'triple cuerpo'*: ¹⁾ el cuerpo físico, ²⁾ el cuerpo emocional sensible o animal, y ³⁾ el cuerpo mental sensible o animal, los cuales también son propios de cualquier cuerpo animal. Es un triple mundo mágico.

c) El verdadero ser humano no es el ser humano dual, ni es el cuerpo humano, ni tampoco el ser humano que nos han dicho que somos. El ser humano 'original' no es el **'ser del cuerpo** (ser corporal) humano material y animal, en el que el espíritu está viviendo una **experiencia espiritual',** espacio-temporal, ocasional, fugaz, pasajera y transitoria,

167

sino que, por el contrario, es únicamente el **'ser del espíritu** (ser espiritual) original real', que está viviendo una **experiencia material,** espacio-temporal, ocasional, fugaz, pasajera y transitoria.

d) El verdadero ser humano es solamente su espíritu. Su cuerpo es una falsa apariencia de realidad que engaña nuestros sentidos físicos, como ocurre con todos los cuerpos de este universo, y con todo el universo externo.

4.- Tu ser real original no está aquí, ni vive en este universo.

a) La imagen que tú ves en el espejo, de ti mismo, no es real, ni eres tú, sino que es una imagen corporal, proyectada por ti mismo, en el espejo. Tú eres el verdadero ser real, pero la imagen carece de realidad.

b) Cuando sufres, solamente sufre el triple aspecto sicosomático (tu cuerpo físico, emocional y mental), que es tu triple cuerpo animal, porque tu espíritu nunca sufre. Solo sufren las cosas que están en el tiempo y el espacio, en el universo espacio-temporal. *Tu ser real original (que es espíritu) no está aquí, ni vive en este universo.*

c) El ser humano real no está aquí, en este cuerpo, ni en este universo. Lo que está aquí es solamente tu cuerpo. Pero tu cuerpo es irreal, onírico, virtual, ilusorio y holográfico.

d) El ser humano real es únicamente tu espíritu, y tu espíritu no está aquí, ni en ninguna parte de este universo.

5.- El ser humano no es un compuesto ni una unión de dos realidades.

a) El ser humano no está compuesto ni es un compuesto de dos realidades, de cuerpo y de espíritu, porque la materia del cuerpo material no es una realidad. La verdadera realidad original del ser humano es solamente su espíritu, dentro de

168

la proyección mental de una imagen ilusoria tridimensional que llamamos cuerpo. Es necesario no confundir la falsa apariencia de realidad de la vida material del triple cuerpo material del ser humano, con la verdadera vida real no material del espíritu del ser humano.

b) *Crees que tu mente está dentro del cuerpo, pero es realmente al revés, es el cuerpo el que está dentro de tu mente.* c) Esta nueva concepción de la vida material, del cuerpo y del universo, es el *fundamento de la inexistencia (real) del sufrimiento,* el cual es apenas una creencia y una imagen de una 'proyección mental', en tu cuerpo emocional y en el cuerpo físico. Es un universo mágico. **d)** El dolor y el sufrimiento es la herramienta mágica que el ego humano ha inventado, para hacernos creer que el cuerpo es real, en su falsa pretensión de que también puede crear otra segunda realidad, distinta y separada de la única realidad.

6.- Las tres estrellas en una sola estrella.

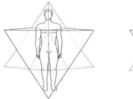 

Según la ciencia actual más avanzada, el 'cuerpo' del ser humano es geométrico y está compuesto y rodeado de tres estrellas tetraédricas, energéticas lumínicas, tridimensionales

169

de ocho vértices cada una, incorporadas en una sola estrella. Es una triple energía material y corporal. Es energía geométrica, en forma tetraédrica. El espíritu del ser humano vive transitoriamente en ese triple cuerpo tetraédrico, el cual es un simple y falso intento de copia e imitación de la realidad única y original, el cual es únicamente espíritu y no cuerpo. **La triple estrella tetraédrica es la apertura hacia la conciencia espiritualmente superior.**

7.- Dicha estrella, por medio de la energía de la imperturbabilidad, de la paz interior y del amor incondicional, y por medio de la sabiduría y la verdad, se convierte en merkaba, en luz viva. El merkaba es fruto natural de la conciencia crística. La conciencia de realidad o conciencia de la única y verdadera realidad es la conciencia crística dimensional, aquí en este universo, en unión con la materia, y allá, fuera del universo, en la conciencia crística extradimensional. **En la gradualidad de la evolución de la conciencia** crística, o conciencia de realidad o conciencia de unidad, **en el ser humano,** pueden distinguirse tres (3) estados de conciencia:

a) La conciencia humana crística terrenal, propia de los universos corporales de tercera y cuarta dimensiones, o conciencia crística cósmica corporal.

b) La conciencia humana crística interdimensional o cósmica incorporal, propia de los universos incorporales que va desde la dimensión 5D a la 12D.

c) Conciencia humana crística extradimensional, propia de la posesión o vivencia de la única y verdadera realidad que existe, y que está fuera o más allá del cosmos o de la creación.

51.- EL AUTO-BIENESTAR INTERIOR
Y LA FELICIDAD

1.- Dice 'Mejor': En el ser humano, hay cuatro diferentes clases de bienestar, según las cuatro diferentes clases de paz. El último grado de la paz es el auto-*mejorestar* interior, que es propio de la posesión de la felicidad, por razón de la posesión de la única y verdadera realidad. Es la 'felicidad infinita'. **2.-** Es necesario distinguir diferentes felicidades, así: **a)** *La felicidad parcial* que es aportada por los diversos y diferentes bienes parciales o particulares o intermedios o imperfectos, los cuales dan una satisfacción y felicidad parcial e insuficiente. La felicidad parcial es propia de las tres primeras formas de la paz. **b)** *La felicidad total, final, última, perfecta o infinita.* Esta es la felicidad propiamente tal. Aquí, cabe hablar, también, de estar en vía o en camino hacia la posesión de una *mejor* felicidad, o de una felicidad ascendente y gradual, que va, desde el mayor sufrimiento, hasta la consecución de la felicidad máxima y óptima o infinita, o desde la ignorancia de las leyes espirituales del amor y de la sabiduría, hasta la 'posesión feliz' de la única y verdadera realidad. **3.-** Para algunos, la felicidad es el estado en el cual todos los bienes se hayan juntos, en la persona que los posee. **4.-** Para otros, la felicidad es el fin de la sabiduría.(Agustín). Así, entonces, la felicidad es la posesión de la verdad absoluta y la posesión de "lo verdadero" absoluto. **5.-** Para otros, la felicidad perfecta es la **posesión del bien** supremo absoluto, y la **posesión de la verdad** suprema absoluta. (Aristóteles y Tomás de Aquino). Así, entonces, para ellos, obtener, tener y poseer la felicidad (propiamente tal) es (o está en) obtener, tener y poseer lo siguiente: **a)** El conocimiento o la sabiduría de la única realidad. **b)** El amor de la única realidad. La experiencia directa o vivencia personal de la única realidad. **c)** La posesión, propiamente tal, de la única realidad. **d)** La fruición o **felicidad final** (que es la satisfacción y goce y gozo) de la única verdadera realidad. **6.-** En último término, **la felicidad es** *la posesión y fruición (satisfacción y goce y gozo y felicidad) de la única verdadera realidad.* De acuerdo con ello, todas las felicidades parciales, para que sean propiamente tales, deben ser así: **a)** Estar subordinadas a la felicidad última y alineadas con ella. **b)** Estar al servicio de la felicidad última. **c)** Estar en función de la felicidad última. Por ello, las cosas buenas, mejores o felices lo son, entonces, únicamente en tanto que son "participaciones" del único supremo bien y de la única suprema verdad, donde el sumo bien y la suma verdad se funden en la Vida de un solo Ser. **7.- El medio para conseguir la felicidad.** La felicidad no es presentada nunca como un bien en sí mismo, ya que, para saber lo que es la felicidad, es necesario 'saber o conocer', primero y en forma previa, cuál es el bien o cuáles son los bienes que la producen. La felicidad es, entonces, un concepto que pertenece al conocer propio del entendimiento racional espiritual. La felicidad no es el fin de ningún impulso o anhelo, sino "lo que acompaña a toda satisfacción". Los sabios, magos y maestros, *no buscan la felicidad, en sí misma, sino que solamente buscan el medio o los medios para conseguirla.*

52.- LA FELICIDAD Y EL SENTIDO DEL PROPÓSITO

¿A qué vinimos aquí, o para qué estamos aquí, en este universo, en esta tierra y en este cuerpo?

1.- Olvido, misterio y magia.

Vinimos aquí y estamos aquí: **a)** para descorrer 'el velo del olvido', develar el misterio y deshacer la magia; **b)** para aprender a recobrar la conciencia y la memoria que perdimos; **c)** para despertar y poder salir del sueño profundo de la 'inconciencia sobre lo que somos'; **d)** para aprender a recordar lo que hemos olvidado; **e)** para 'recordar cómo volver a ser lo que realmente fuimos'; **f)** para retornar a la única realidad original; **g)** para recobrar la identidad perdida.

2- Sufrimiento e imperturbabilidad.

Vinimos aquí y estamos aquí: **a)** para aprender a dejar de sufrir y para aprender a recordar cómo dejar de sufrir. *(Es la tecnología del 'auto-mejorestar interior' o caliterología interior, y de la merkabanáutica);* **b)** para aprender a ser felices y para aprender a recordar cómo ser felices. *(Es la felicidad de la posesión de la realidad original);* **c)** para aprender a hacernos, nosotros mismos felices, sin depender de nada ni de nadie, externo a nosotros, para ser felices; **d)** para aprender a no sufrir y a 'ser amorosamente imperturbables', *(Imperturbabilidad interior y paz interior). "La paz sea contigo, la paz sea con vosotros"* (Jesús).

3.- Amor y sabiduría.

Vinimos aquí y estamos aquí: **a)** para aprender a amar, con amor incondicional; **b)** para aprender a saber cuál es y cómo es el único amor real y verdadero; *"Dios es amor"* (Juan).

"Amar a Dios sobre todas las cosas y al prójimo como a ti mismo" *(Jesús)*. *La deuda del amor es permanente y nunca se extingue;* **c)** para aprender a ser y vivir el amor incondicional que nos lleva a ser y vivir la realidad original. *(Amor puro y perfecto)*; **d)** para aprender a recordar cómo ser espiritualmente sabios y amorosos; **e)** para aprender el amor a la sabiduría y la sabiduría del amor; **f)** para aprender que lo que se hace con amor incondicional es sabiduría, y está bien hecho; **g)** para aprender que, sin amor incondicional, nada soy y nada valgo (Pablo). **h)** Para aprender que existe una sola y única realidad, que es absoluta e infinita.

4.- Realidad, divinización y unidad.

Vinimos aquí y estamos aquí: **a)** para aprender a vivir en el reino de los cielos, aquí en este mundo, dentro de nosotros mismos; **b)** Para saber que Dios es el reino de los cielos, y el reino de los cielos es Dios; **c)** para saber que *Dios y el reino de los cielos ya están dentro de ti (Jesús);* **d)** para saber que en Dios somos, nos movemos vivimos y existimos (Pablo); **e)** para aprender a reconocer que somos hijos del único autor de la vida real original; **f)** para aprender a recordar que, al ser sus hijos, también 'somos dioses' del único Dios, con el poder de cocrear. "Vosotros sois dioses" (Jesús). 'Mayores milagros que los que yo hago vosotros podéis hacer'. (Jesús); **g)** para aprender a ser como Dios. *(Conciencia de divinidad y conciencia de realidad y conciencia de infinita perfección).* "Sed perfectos como mi padre celestial es perfecto". (Jesús); **h)** para aprender cómo recordar "el supremo estado de conciencia", o conciencia de divinidad, *"Aquí, en este universo, (mágico e irreal), todo es vanidad de vanidades, y todo es vanidad";*

i) para aprender la conciencia de unidad; de unidad con la unicidad de la realidad única, y de unidad con la totalidad de lo único real; **j)** paran aprender que somos uno, con todos los seres humanos y con la única verdadera realidad. *"Dios es uno"* *"Mi padre y yo somos uno"* (Jesús); **k)** para aprender que este universo es falso y aparente, y es vano y vacuo y vacío, y que, por error, creemos y suponemos que tiene un contenido verdaderamente real.

5.- Libertad y liberación.

Vinimos aquí y estamos aquí: **a)** para aprender que "El amor es la única ley" (Jesús). "Mi reino no es de este mundo" (Jesús); **b)** para aprender que *la verdadera libertad* es independiente de lo material y está libre o vacía o purificada o carente de 'la esclavitud de las ataduras materiales de la falsa apariencia de realidad del universo externo', y para aprender a liberarnos de las formas materiales y de la cárcel de las doce (12) dimensiones; **c)** para aprender que "Solo *la verdad*, (real y única del espíritu), *nos hará libres*" (Jesús); **d)** para aprender que dependemos totalmente de la 'realidad única'. "Yo nada hago por mí mismo" (Jesús); **e)** Para aprender a ser tan libres y ligeros como una pluma.

6.- Iluminación y santificación.

Vinimos aquí y estamos aquí: **a)** para aprender la iluminación espiritual. *"Dios es luz"* (Juan). Dios es la luz viva y viviente sin la dualidad de la sombra. *La luz divina diviniza"* (Agustín); **b)** para aprender la transfiguración o conversión del cuerpo en luz, y para llegar a ser el cuerpo glorioso y luminoso de quien resucita y asciende; **c)** para aprender a saber que el amor produce luz. Es *la luz del amor* (premayoti, en sánscrito); **d)** para aprender cuál es el camino de la luz, y cuál es la "verdad espiritual" de la "realidad espiritual". *"Yo soy el camino, la verdad y la vida"* (Jesús).

7.- Andróginos perfectos.

Vinimos aquí y estamos aquí: a) para aprender a ser andróginos perfectos; **b)** para aprender a estar por encima de los conceptos e ideologías de género masculino (hombre) y femenino (mujer), aunque tengamos un cuerpo pasajero y temporal de hombre o de mujer; **c)** para aprender que la realidad única no tiene sexo y es, al mismo tiempo, padre y madre.

8.- Inmortalidad, resurrección y ascensión.

Vinimos aquí y estamos aquí: **a)** para aprender a no morir. *(Inmortalidad física, en la tercera y cuarta dimensiones de esta realidad aparente);* y para aprender cómo ser físicamente inmortales. *"Yo he venido a vencer la muerte"* (Jesús). "Mi reino no es de este mundo" (Jesús); **b)** para aprender la Resurrección y cómo realizar la resurrección y no volver a morir. *'Quien cree en mí no morirá para siempre'* (Jesús). *Yo soy la resurrección y la vida"* (Jesús); **c)** para aprender la Ascensión. *"También vosotros podéis ir a donde yo voy, aunque, ahora, por ahora, a donde yo voy, no puedo llevaros conmigo"* (Jesús), "Después os enviaré al espíritu santo, para que siempre os ayude (a ir a donde yo voy). Él os enseñará lo que es la verdad" (Jesús); **d)** para aprender cómo realizar el paso consciente interdimensional. (En el reino de los cielos existen muchas moradas) y extradimensional, fuera de la cárcel de las doce dimensiones.

9- Vía de escape y medio de escape.

Vinimos aquí y estamos aquí: **a)** para aprender cómo salir y escapar, en forma consciente y voluntaria, de aquí, de esta tercera dimensión de la aparente realidad; es el escape hacia la libertad; **b)** para aprender el poder de la desaparición (primero mental racional y después real) de la tercera y cuarta dimensión de este universo, y para aprender el poder de la desaparición del cuerpo físico, a través de la conciencia de realidad y a través de la resurrección y la ascensión al reino de la vida real y verdadera; **c)** para aprender la tecnología interior de la caliterología interior, y de la merkaba-náutica entre las diferentes dimensiones; **d)** para aprender a estar y vivir, en este mundo del cuerpo, de la tierra y del universo, sin ser de este mundo ni pertenecer a este mundo.

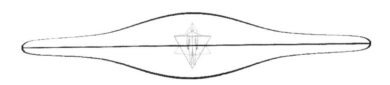

Cuerpo, estrella y merkaba

53.- LA DUALIDAD EN QUE VIVIMOS

I.- La dualidad de la realidad y la falsa apariencia.
a) No hay dos realidades. La verdadera realidad es una y sola y única, con su propia unidad real y con su propia realidad, y lo demás es falsa apariencia de realidad.
La errónea percepción de los sentidos nos engaña, y genera una falsa creencia que nos hace creer que existe una doble realidad.
b) Creemos falsamente que existen dos realidades: La realidad original del espíritu, y la realidad aparente del universo que falsamente creemos que es real y verdadero. Esta es la realidad mágica, holográfica, onírica, hipnótica e ilusoria.
c) El ser humano 'no' está compuesto de dos realidades diferentes: el cuerpo y el espíritu. El ser humano está compuesto de una sola y única realidad, que es la realidad original del espíritu; y de una simple falsa apariencia de realidad, que es el cuerpo humano, como una realidad mágica. Son dos sustancias radicalmente diferentes: **La una es realidad sin apariencia y la otra es apariencia sin realidad.**
La **sustancia real del ser real** existe *por sí misma,* sin depender de nadie ni de otra sustancia causante, *y existe en sí misma,* como soporte de sus propios atributos reales. Es la única dueña de su propia realidad y de toda verdadera realidad.
La **sustancia aparente del ser accesorio** no existe por sí misma y, además, aparenta o simula existir en sí misma, porque sirve de soporte al cúmulo de accesorios accidentales, adicionales o secundarios que la necesitan para poder aparentar que estos existen y que ella existe. No tiene

realidad propia y pertenece a la magia del mundo de los sentidos

La *'sustancia real original' del espíritu*, que es la plenitud del ser, no tiene cualidades o propiedades espacio-temporales, susceptibles de aumentar o disminuir. Y la *sustancia aparente, accesoria y ficticia del cuerpo y del universo*, y de la vida del cuerpo animal, que aparenta existir en sí misma, tiene adherencias o añadidos, que son accesorios y aparentes, espacio-temporales, que también aparentan o simulan existir.

d) Todas las cosas que hay, en esta tercera dimensión, (incluidas la mente sensible y la luz física) son duales y están polarizadas, es decir, pertenecen al mundo de la falsa apariencia mágica, holográfica e ilusoria de la realidad aparente, que simula o aparenta existir por sí misma y en sí misma.

e) Hay dos clases de luz: [1] **la luz dual** que produce sombra y que es propia de este universo, y que viene de algún lugar determinado; [2] **la luz no dual**, que no produce sombra, y que es propia del espacio sagrado y secreto del corazón, y que viene de todas partes y de ninguna parte, y que no viene de este universo. **La verdadera unidad real** no es una síntesis o unión o sinergia de dos unidades separadas y diferentes: de lo finito y lo infinito, o de la falsa apariencia de realidad y la realidad misma, sino la desaparición de esa unión, *por el desvanecimiento o deshacimiento o disolución o desaparición del extremo o elemento o polo que representa la 'falsa apariencia de realidad'* de la otra unidad que es siempre finita o que siempre es la no realidad infinita.

II.- La triple división de la dualidad. En este universo, todo 'aparece' dividido o fraccionado en tres partes: Dos extremos y un centro en la mitad.

179

a) La polarización o dualidad ocurre entre dos polos, con algo en el medio. Entonces tienes, a un lado, agua fría y, al otro lado, agua caliente, y lo tibio, en la mitad. Tienes, también, lo femenino o madre, a un lado, y, lo masculino o padre, al otro, y el niño o lo neutro, en el medio. Tienes el sol, la tierra, y la luna, en el medio. Puedes continuar así, y vas a encontrar que hay miles y miles de polaridades, en formas diferentes. Cuando miras al espacio, tienes los ejes x, y, z. Esta es la forma en que se ve el espacio. Cuando te refieres al tiempo, tienes el pasado, el presente y el futuro. Tienes el cuerpo o la materia, por un lado, y, por el otro, el espíritu fuera de la materia, y, en el medio, la materia que rodea el espíritu en el cuerpo humano, o el espíritu dentro del cuerpo, en el ser humano. Tienes el inconsciente, el consciente y el supraconsciente. En la física, tienes el electrón, neutrón y positrón. En un imán, tienes el polo positivo, el polo negativo y lo neutro en la mitad. En la luz, tienes la luz con sombra y la luz sin sombra, y la reunión de las dos en un ser humano. En el ser humano, tienes la realidad de su ser(espíritu), la falsa apariencia de realidad (el cuerpo) y la mezcla o unión de la realidad y la falsa apariencia. **Pero todo esto funciona así, únicamente, en la conciencia de polaridad o dualidad.** Tú te ves separado de los demás seres humanos, tú te crees separado de todo lo demás. Todo esto es científicamente falso. Toda polaridad o dualidad es falsa o ilusoria, porque existe una sola realidad.

b) La dualidad es falsamente creer que existe más de una sola y única realidad. Esta única realidad es la realidad del único ser real o gran ser original o gran espíritu. La creencia en la existencia de dos realidades diferentes, materia y espíritu, se llama dualismo o dualidad o polaridad.

Lo opuesto de la dualidad es la 'no dualidad', o la existencia de una sola y única realidad, o el ser de la 'no dualidad' pura.

III.- La conciencia de realidad.

La conciencia de realidad es la aceptación y la vivencia de la única y verdadera realidad, que deshace y desaparece la dualidad. En el ser humano, primero es necesario comenzar a aceptar la 'inexistencia' de la dualidad, (aunque los sentidos nos digan lo contrario), para después comenzar a vivir la unicidad, poco a poco, hasta desaparecer totalmente el extremo o polo de la 'falsa creencia' en la falsa apariencia de realidad.

a) El creador real original no crea universos duales, como es este universo dual en que vivimos. El ser real original es infinito y es la única realidad y solo crea o hace realidades, verdaderamente reales, y no falsas, aparentes, mágicas, holográficas o ilusorias o finitas o cambiantes

b) El mundo externo es vacío y está vacío, y no corresponde a la realidad, pues *está vacío de realidad.* Es una simple imagen tridimensional imperfecta, extraída de la imagen de un holograma que ha sido proyectado, por una conciencia que, por error, y en un intento fallido, vanamente trata, sin lograrlo, de imitar o copiar el modelo o arquetipo o causa ejemplar que es el ser de la realidad única y original.

c) Tú te ves separado de la realidad externa, y ves que las cosas están separadas de ti. Tú te ves a ti mismo y a tu cuerpo, y crees, por error, estar separado de las demás cosas de la aparente realidad externa, y, también, por error, crees estar separado de la realidad original del poseedor de la realidad original. Cuando no te ves separado de nada, estás en la *conciencia de realidad,* es decir, de la realidad única, o el Om Phi, absoluto e infinito, también llamada el estado de *'conciencia cristica'.*

IV.- La nueva ciencia.

a) La nueva ciencia que está por venir, botará a la basura todo lo que creemos saber sobre el cuerpo, sobre la vida dual y sobre este universo dual y holográfico. **Esta nueva ciencia**, que está por llegar, va mucho más allá de la teoría de la relatividad, la relatividad especial, la física cuántica, la teoría de las cuerdas, las teorías espaciales, la materia oscura, los agujeros negros, la teoría del Big Bang. Todas estas teorías tienen muy grandes problemas, y muy grandes contradicciones, y muy grandes vacíos.

b) La ciencia actual o contemporánea, que hemos conocido, está a punto de ser disuelta y desaparecer. La materia científicamente no existe. La materia y todo lo material es apenas la imagen de una proyección mental en el vacío, como imagen que no tiene realidad propia.

c) Ya llegó el día de tirar o botar a la basura, todo lo que sabemos, todo lo que la ciencia y la física han creído que saben, y todas las teorías científicas que aún existen.

TAO   **ANK**
YIN YANG   **NO DUALIDAD**
DUALIDAD   **INMORTALIDAD**
VIDA DUAL   **VIDA ETERNA**

Es necesario *aprender a estar y vivir, transitoriamente, en este mundo, sin ser de este mundo y sin pertenecer a este mundo.*

"Para ti, lo mejor está por venir. Para ti, lo mejor ya está por llegar. Para ti, lo mejor ya llegó. Para ti, lo mejor ya está aquí, y está dentro de ti".

"Algo real, trascendente y extraordinariamente hermoso, está por venir, está por llegar, está por suceder"

'Lo más urgente e importante, en el planeta tierra, para ti, en estos momentos, es prepararte, seriamente, para el proceso de ascensión'.

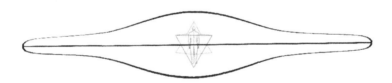

Cuerpo, estrella y merkaba

CURSOS, TALLERES Y SEMINARIOS

www.desarrollophi.com
cursos@desarrollophi.com.co

------

juanesteban@desarrollophi.com.co

Librería: laeraazul.com.co
Librería: info@laeraazul.com.co

DATOS DE CONTACTO CON LOS AUTORES

helmer@desarrollophi.com.co
hermanamaria@laeraazul.com.co

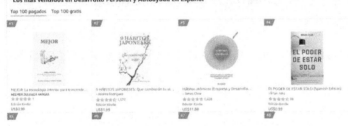

Made in the USA
Columbia, SC
06 July 2023

19881177R00114